Glaubwürdige Unternehmenskommunikation

Anna Tomfeah · Heidrun Haug
(Hrsg.)

Glaubwürdige Unternehmens- kommunikation

Impulse für eine verantwortungs- und wirkungsvolle Praxis

Springer Gabler

Hrsg.
Anna Tomfeah
Weltethos-Institut
Universität Tübingen
Tübingen, Deutschland

Heidrun Haug
Storymaker GmbH
Tübingen, Deutschland

ISBN 978-3-658-34248-7   ISBN 978-3-658-34249-4   (eBook)
https://doi.org/10.1007/978-3-658-34249-4

Die Deutsche Nationalbibliothek verzeichnet diese Publikation in der Deutschen Nationalbibliografie; detaillierte bibliografische Daten sind im Internet über http://dnb.d-nb.de abrufbar.

Einbandabbildung: Maha Alkurd und Freya von Bülow Abbildungen (S. 1- 100) © design hoch drei GmbH & Co.KG 2021

Planung/Lektorat: Barbara Roscher
Springer Gabler ist ein Imprint der eingetragenen Gesellschaft Springer Fachmedien Wiesbaden GmbH und ist ein Teil von Springer Nature.
Die Anschrift der Gesellschaft ist: Abraham-Lincoln-Str. 46, 65189 Wiesbaden, Germany

VORWORT

2019: Das Weltethos-Institut an der Universität Tübingen ruft das Jahresthema „Weltethos und Kommunikation" aus. Die ebenfalls in Tübingen beheimatete Kommunikationsagentur Storymaker arbeitet intern zur gleichen Zeit an dem Schwerpunkt „Wertschätzung und Wertschöpfung". Ruft das nicht danach, gemeinsam das Thema „Kommunikation und Ethik" unter den Bedingungen der Digitalisierung zu vertiefen? Wir, die zwei Jahre später zu den Herausgeberinnen dieses Handbuchs werden sollen, kommen in Kontakt, unter anderem bei der Verleihung für den Hansel-Mieth-Preis an die Journalistin Maria Feck für ihre Multimediareportage über den Widerstand der Sioux gegen eine neue Ölpipeline in South Dakota. Man versteht sich, teilt die Überzeugung, dass journalistisches Ethos ebenso wie eine der Transparenz, Fairness und dem Wohl der Menschen verpflichtete PR und Kommunikation in einer zunehmend mediatisierten und datenintensivierten Welt wichtiger sind denn je. Unser erstes Meeting bringt Ideen hervor, aus denen das Projekt „Responsible Communication" (ResCom) entsteht. Ein Projekt, das nicht ohne Grund in Tübingen auf intensiven Boden fällt. Der Ort, an welchem Philosophie und Rhetorik eine lange Tradition haben, den aber zunehmend auch das Cyber Valley prägt, ist für den fruchtbaren Dialog zwischen Wissenschaft und Praxis bekannt. Diesen Austausch zu verstärken, ist eines der zentralen Anliegen des Weltethos-Instituts. Storymaker unterzeichnet einen Partnerschaftsvertrag mit der Lehr- und Forschungseinrichtung, um das gemeinsame Projekt für die Praxis von Kommunikator:innen weiterzuentwickeln.

Sinkendes Vertrauen, soziale Spannungen, neue Technologien und eine veränderte Medienwelt erfordern professionelle Kommunikation mit ethischer Sensibilität.

Grundlage für die Projektpartnerschaft mit dem Weltethos-Institut ist es, Teil des von Professor Hans Küng ins Leben gerufenen und international renommierten Weltethos-Projektes zu werden. Dies geschieht durch die Ausbildung zum Weltethos-Ambassador. Das Lernprogramm richtet sich an Führungskräfte, die Kooperation, Vertrauen und Werte in ihrem Unternehmen stärken wollen. Der Workshop sensibilisiert für ethische, soziale und interkulturelle Konflikte und vermittelt Basiswissen wie ethische Dialog- und Handlungskompetenz. Mit diesen Inhalten trifft das Programm ins Mark der Arbeit von Kommunikator:innen, die in Unternehmen einen wesentlichen Beitrag für eine Atmosphäre des Zuhörens, des offenen und respektvollen Diskurses sowie des aufrichtigen Dialogs mit der Öffentlichkeit leisten. Die Kommunikationskultur reflektiert die Werte jedes Unternehmens. Heidrun Haug sowie ihr Kollege Dr. Matthias Ernst, der mit seinem Hintergrund als Absolvent der Tübinger Rhetorik ein inspirierender wie treibender Mitarbeiter an diesem Buchprojekt wurde, erwerben das Ambassador-Zertifikat – ebenso wie Klaus Peter Betz, Geschäftsführer von ecomBETZ, und Wolfram Schäffer, Inhaber der Stuttgarter Agentur design hoch drei, dem wir das Layout und die Illustrationen dieses Buches verdanken. Beide von Anfang an aktive Partner in diesem Buchprojekt, deren Mitarbeit weit über die eigenen Autorenbeiträge hinausgeht.

Ende des Jahres laden wir Initiatorinnen von „ResCom" zu einem Roundtable über „Ethische Unternehmenskommunikation" ein, der im November 2019 in Tübingen stattfindet. Für Vorträge können zwei renommierte Kommunikationswissenschaftler:innen gewonnen werden: Günter Bentele, emeritierter Professor der Universität Leipzig, und bis 2017 Vorsitzender des Deutschen Rats für Public Relations (DRPR) und Uta-Micaela Dürig, bis 2015 Leiterin der Konzernkommunikation von Bosch, anschließend in der Geschäftsführung der Robert-Bosch-Stiftung und heute als Beraterin für Stiftungen und Sustainability tätig. Die Impulsvorträge umreißen aktuelle und zukünftige Herausforderungen für PR- und Kommunikationsmanager:innen, deren Tätigkeiten durch technologische, soziale und politische Umwälzungen fundamental verändert werden wie andere Berufe auch. „Vertrauen", so Dürig, „ist um so wichtiger, wenn sich das Umfeld dynamisch verändert. Vertrauen ist zentral für den Aufbau von gesellschaftlichem Zusammenhalt."

Die lebhafte Diskussion endet in einem Vorschlag zur Ergänzung des Kommunikationskodexes des DRPR zum Umgang mit künstlicher Intelligenz und im Zuwachs durch weitere Projektpartner:innen.

2020: Eine für Anfang des Jahres im Tübinger Cyber Valley geplante Veranstaltung zu künstlicher Intelligenz, Ethik und Kommunikation fällt dem ersten Corona-Lockdown zum Opfer. Die hohen Anmeldezahlen und Nachfragen zeigen jedoch den Bedarf, das Thema weiter zu vertiefen. Die „ResCom"-Verantwortlichen und die neu gewonnenen Projektpartner:innen und Ambassador:innen beginnen mit der Arbeit für ein Praxishandbuch. Weitere Autor:innen wie Verena Brenner, Uta Micaela sowie Ina Dürig, Mark Pelzer, Theresa Stewart, Jenni Werner und Lena Zoller begeistern sich für das Thema, recherchieren und erarbeiten wertvolle zusätzliche Perspektiven, die diesem Buch seinen mehrdimensionalen Zugang zum Feld der Unternehmenskommunikation ermöglichen. Zur gemeinsamen Grundlegung dienen dabei insbesondere zwei Werke: „Weltethos für das 21. Jahrhundert" von Institutsdirektor Professor Ulrich Hemel und „Responsible Communication" von Gabriele Faber-Wiener liefern die Impulse, die zur Weiterentwicklung der Perspektive für eine verantwortliche Kommunikationspraxis und zur Förderung von Ethos in der Kommunikationsbranche relevant erscheinen.

Die Veröffentlichung des „European Communication Monitor 2020" bestätigt das gemeinsame Buchvorhaben. Ethische Richtlinien und Kommunikationskodizes, so das Fazit der Studie, spielen im Alltag von PR-Profis kaum eine Rolle, im Digitalen begeben sie sich häufig in ethische Grauzonen – und nur wenige Kommunikationsmanager:innen bilden sich in ethischen Themen fort.

Die Tübinger „ResCom Akademie" bietet Lernprogramme für Kommunikator:innen, die den Herausforderungen souverän und verantwortungsvoll begegnen wollen.

Wer in der Kommunikationsbranche tätig ist, weiß um ihren schlechten Ruf. Und, dass er zu oft eine Folge von Zeitknappheit, schlechter Ausbildung, mangelnder ethischer Reflexion und einer Führungskultur ist, die nicht auf Werte und Nachhaltigkeit, sondern auf Kurzfristigkeit und Performance setzt. Doch auf verantwortungsvolle Kommunikator:innen zu verzichten, hat auch gezeigt, wie unverzichtbar professionelle, an Grundwerten orientierte Kommunikation für den Erfolg von Unternehmen und Organisationen ist. In Kommunikationskodizes sind die Grundwerte formuliert. Das Projekt „ResCom" hat es sich zum Ziel gesetzt, diese ethischen Prinzipien vor dem Hintergrund der Gegebenheiten und Herausforderungen des 21. Jahrhunderts neu zu denken. In dieser ersten Veröffentlichung wird versucht, praktische, verantwortliche und nachhaltige Impulse abzuleiten, um daraus ein Kompetenzprogramm für die Zukunft zu entwickeln, das Kommunikator:innen dazu befähigen soll, Missstände beseitigen und die Unternehmenskultur zum Positiven verändern zu können. Allen Ideengeber:innen und Wegbegleiter:innen dieses Projektes gilt daher unser herzlichster Dank – für ihren Mut, ihre Widmung und die Hoffnung, die sie ermöglichen.

2021–∞: Dieses Buch ist ein Meilenstein und ein Anfang. Während der Arbeit daran hat das Projektteam das Konzept der Tübinger „ResCom Akademie" ins Leben gerufen, die zu den einzelnen Kapiteln Workshop-Module entwickelt und anbietet. Wir empfehlen dieses Programm allen Menschen in Unternehmen, Organisationen und Agenturen, die den quälenden Vertrauensverlust inner- und außerhalb der Unternehmen aufhalten wollen. Und allen denjenigen, die im Job nicht zynisch werden, sondern verantwortungs- und wirkungsvoll kommunizieren wollen. Zentral hierfür ist die Auseinandersetzung mit ethischen Fragestellungen, zu denen es vielfältige Zugänge gibt. Ein gutes Beispiel dafür ist der Umgang mit gendergerechter Sprache. In diesem Buch werden Sie auf unterschiedliche Formen davon stoßen, was vielleicht zunächst irritieren kann. Sie können allerdings sicher sein, dass Gleichberechtigung, Partnerschaftlichkeit und Dialog auf Augenhöhe in dieser Projektgruppe keine leere Phrase ist.

Vertrauen ist die einzige Währung, mit der Unternehmen und Institutionen in einer durch und durch unsicheren, komplexen und mehrdeutigen Welt bestehen können. Doch Vertrauen entsteht nur durch Dialoge, die auf Wissen und Erfahrungen, auf Offenheit und Transparenz beruhen. Diese zu organisieren, ist die ehrenvolle Aufgabe von Kommunikator:innen.

Anna Tomfeah
Presse- und Öffentlichkeitsbeauftragte
des Weltethos-Instituts

Heidrun Haug
Gründerin und geschäftsführende Gesellschafterin der Agentur Storymaker GmbH

INHALT

ETHICS & PURPOSE

MEHR ALS „GUTES UND SINNHAFTES"

ENTWICKLUNG VON NACHHALTIGEN GESCHÄFTSMODELLEN MITHILFE DES ETHICS & PURPOSE MARKENMODELLS UND DES ETHICS & PURPOSE RATING-TOOLS

Klaus Peter Betz

Hätte sich die Automobilindustrie ohne Dieselkrise einer so schnellen Transformation unterzogen? Wohl kaum. Nicht die „unsichtbare Hand" war Treiber dieser Marktentwicklung, sondern ein ethisches Moment: das des Fehlverhaltens, auf das Gesetzgeber und Verbraucher reagiert haben. Mit Transformationen geht die Suche nach neuen Geschäftsmodellen einher – und diese sind dann besonders erfolgreich, wenn sie nachhaltig ausgerichtet sind. Das Ethics & Purpose Markenmodell bietet dafür Orientierung.

© Der/die Autor(en), exklusiv lizenziert durch
Springer Fachmedien Wiesbaden GmbH, ein Teil von Springer Nature 2021
A. Tomfeah und H. Haug (Hrsg.), *Glaubwürdige Unternehmenskommunikation*,
https://doi.org/10.1007/978-3-658-34249-4_1

1. DIE SUCHE NACH NACHHALTIGEN GESCHÄFTSMODELLEN

Digitalisierung und Industrie 4.0 werden immer mehr zu Buzzwords für eine Zustandsbeschreibung, in der sich die Wirtschaft aktuell befindet. Ob Bankwesen, Automobilindustrie, Anlagen- und Maschinenbau oder Energiewirtschaft – der Transformationsprozess hat schon längst begonnen. Die Unternehmen dieser und vieler anderer Branchen sowie deren Zulieferer stecken mittendrin. Und viele wissen nicht – begründet durch die Coronapandemie – ob und wie sie diesen Transformationsprozess überleben werden und mit welchem Geschäftsmodell ihr Unternehmen künftig bestehen soll.

Seit Larry Fink, Gründer, Aufsichtsrats- und Vorstandsvorsitzender des weltgrößten Vermögensverwalters Blackrock, in den USA am 20. Januar 2020 in einem Brief an seine Kunden eingeklagt hat, dass sich diese deutlich mehr dem Thema Nachhaltigkeit zu widmen hätten, ist auch dem Letzten klar geworden, welche Prioritäten Investments von globalem Ausmaß zugrunde gelegt werden. Und gleichermaßen ist die Äußerung von Fink ein Indiz dafür, wohin sich globales Wirtschaften im kommenden Jahrzehnt entwickeln wird.

Die Vereinten Nationen haben mit den im Jahre 2018 verabschiedeten 17 Zielen für die nachhaltige Entwicklung (SDG-Ziele) die globale Grundlage dafür gelegt. Viele Unternehmen, Verbände und Organisationen richten sich und ihre Berichterstattungen entsprechend an diesen Nachhaltigkeitszielen aus, verfassen im Idealfall nach GRI-Standards (Global Reporting Initiative) ihre Umwelt- oder Nachhaltigkeitsberichte und haben ihre Corporate Governance wie auch ihre Corporate Communication neu daran ausgerichtet – wie gesagt, im Idealfall.

Aus der kommunikativen Beraterpraxis wissen wir jedoch, dass dieser Idealfall noch nicht weit verbreitet ist. Viel mehr noch: Selbst, wenn der Wille zu einer entsprechenden unternehmerischen Neuausrichtung da ist, fehlt es oftmals an einer klaren strategischen Positionierung, um mit einem revisionierten oder gar neuen nachhaltigen Geschäftsmodell den entsprechenden wirtschaftlichen Erfolg zu erzielen. Es reicht eben bei Weitem nicht aus, den „Nachhaltigkeits-Mantel" über das alte Geschäftsmodell zu stülpen. Diese Vorgehensweise wird in den meisten Fällen nicht von Erfolg gekrönt sein.

Es reicht eben bei Weitem nicht aus, den „Nachhaltigkeits-Mantel" über das alte Geschäftsmodell zu stülpen.

Das nachfolgend beschriebene Markenmodell und Rating-Tool „Ethics & Purpose" dient zu einer Bestandsaufnahme, erweitert das Bewusstsein, im Sinne eines nachhaltigen Denkens über den gesamten Supply-Chain-Prozess, und ist Grundlage für eine Neupositionierung. Die dafür in einem ersten Schritt notwendige strategische Neupositionierung beschreibt Sinn und Zweck (Purpose) des Unternehmens, Verbandes oder der Organisation im Grundverständnis eines nachhaltigen Wirtschaftens.

2. SPRECHEN WIR ÜBER DAS FUNDAMENT: DIE WERTE

Unternehmen, Verbände oder Organisationen auf dem Prozess zu einer nachhaltigen Ausrichtung zu begleiten, ist eine herausfordernde Aufgabe. Wie soll ein Werkzeughersteller nachhaltig werden? Wie kann ein Maschinenbauer nachhaltig werden? Müssen Verbände oder Organisationen überhaupt nachhaltig werden?

Diese Frage ist natürlich berechtigt und muss zuvorderst beantwortet werden. Denken wir die Drohgebärden eines Larry Fink mal zu Ende: Es wird so sein, dass sich Konzerne und Großunternehmen, deren Marktwerte und -kapitalisierung von den Ratings großer Investmentagenturen abhängig sind, mehr und mehr dem komplexen Thema der Nachhaltigkeit widmen. Warum dem so sein wird, belegt eine Umfrage der Deutschen Bundesstiftung Umwelt, die diese im April 2020 zusammen mit forsa durchgeführt hat. Auf die Frage ‚Welche Krise hat langfristig gesehen die größeren Auswirkungen?' antworteten 59 Prozent mit „Klimakrise", 17 Prozent mit „Coronakrise" und 23 Prozent mit „beides gleich".[1]

---

[1] Deutsche Bundesstiftung Umwelt und forsa, https://www.dbu.de/coronafolgen (letzter Zugriff: 14.02.2021)

DBU-Umweltmonitor Coronafolgen

Welche Krise hat langfristig gesehen die größeren Auswirkungen?

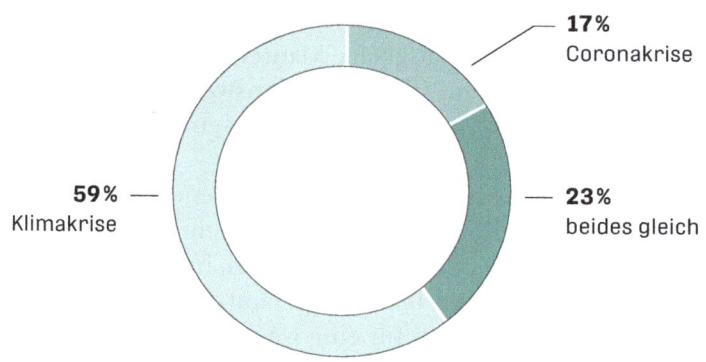

17%
Coronakrise

59% —
Klimakrise

23%
beides gleich

An 100 Prozent fehlende Angaben = »weiß nicht«
Basis: forsa Umfrage unter 1029 Bundesbürgern im Zeitraum vom 27. zum 30. April 2020

Das sind aktuelle Zahlen aus Deutschland. International ist das Bild ein ähnliches. Noch vor der Coronakrise befragte das in Washington ansässige Meinungsforschungsinstitut PEW Research Center zwischen Mai und August 2018 rund 27.000 Menschen in 26 Ländern nach den für sie größten Bedrohungen für die Sicherheit und den Wohlstand des eigenen Landes.

Zwei Drittel der Befragten (67 Prozent) sehen den Klimawandel als größte Bedrohung.[2] Noch fünf Jahre davor, also 2013, lag die Zahl derer, die in der Klimakrise für ihr Land die größte Bedrohung ausmachten, bei 56 Prozent. Man kann also von einer klar steigenden Tendenz sprechen. Wenn dem so ist, werden die wirtschaftlichen und politischen Akteure diesen Befund immer mehr verinnerlichen und danach handeln – und dies wird sich systematisch auf die gesamte Zulieferer- und Logistikkette und letztlich auch auf alle weiteren klein- und mittelständischen Unternehmen (KMU) auswirken. Die Coronakrise darf in den Industrieländern schon jetzt als „Brandbeschleuniger" dieses Prozesses bezeichnet werden.

Ganz aktuelles Beispiel sind der Apple-Konzern und sein neuer deutscher Zulieferer Varta, die auf der Berliner

Konferenz „Electronics Goes Green" angekündigt haben, dass nicht nur Apple bis 2030 klimaneutral arbeiten wird, sondern auch seine Zulieferer. Die Apple-Umweltexpertin Sarah Chandler sagte, dass in Deutschland auch die Zulieferer Henkel und die Tesa SE daran arbeiten würden, ihre Produktion für Apple vollständig auf erneuerbare Energien umzustellen.[3] Und die Apple-Managerin Lisa Jackson geht sogar noch einen Schritt weiter, indem sie in einem Interview sagt: „Gerade die Auswirkungen der Coronapandemie sollten jedes Unternehmen veranlassen, die eigenen Pläne zu überprüfen und das eigene Geschäft zukunftssicher zu machen." Und mit Blick auf die Klimaziele des eigenen Konzerns ergänzt sie: „Im Kern ist Klimaneutralität ein Investment in unsere Zukunft, das auch finanzielle Gewinne ergibt. Niemand bittet hier um Spenden."[4]

> **„Im Kern ist Klimaneutralität ein Investment in unsere Zukunft, das auch finanzielle Gewinne ergibt. Niemand bittet hier um Spenden."**
>
> Lisa Jackson, Apple-Managerin

Damit werden neben Konzernen und KMU auch Berufsverbände, Gewerkschaften und sonstige Interessenvertretungen bis hin zu Dienstleistern wie Versicherungen, Kommunikationsagenturen oder Fuhrparklieferanten selbst „Betroffene" in diesem Transformationsprozess. Was bedeutet: Sie müssen sich, ob sie wollen oder nicht, mit den Nachhaltigkeitszielen der UN und den damit verbundenen Fragestellungen für ihren Betrieb intensiv auseinandersetzen – und in der Konsequenz sehr wahrscheinlich auch ihr Geschäftsmodell anpassen oder verändern.

Was sich im ersten Blick wie ein Generalanschlag auf ein bis dato noch funktionierendes Wirtschaftswesen ausnimmt, ist bei näherer Betrachtung nichts anderes als die Sicherstellung erfolgreichen Wirtschaftens in der Zukunft – auf Basis einer ethisch-verantwortlichen Unternehmensphilosophie.

Diese Erkenntnis setzt ein Umdenken im Management voraus. Die Begriffe „Verantwortung" und „Verantwortlichkeit" bekommen eine ganz andere Bedeutung.

---

[2] PEW Research Center, https://www.pewresearch.org/global/2019/02/10/climate-change-still-seen-as-the-top- global-threat-but-cyberattacks-a-rising-concern/ (letzter Zugriff: 14.02.2021)

[3] dpa-Meldung in Südwestpresse, 03.09.2020 (letzter Zugriff: 14.02.2021)

[4] Tech Briefing Podcast, The Pioneer, 03.09.2020

„Verantwortliches Management" verfolgt einen integrativen Ansatz, der technisch-wirtschaftliche Ansichten (die in aktuellen Managementphilosophien überwiegen) mit einem wertebasierten Management, das auf einem klaren ethischen Fundament ruht, verbindet.[5] Gabriele Faber-Wiener, die Gründerin des Center for Responsible Management in Wien, hat für diesen Paradigmenwechsel im Management eine Vergleichstabelle entwickelt:[6]

Vergleich	Management	verantwortliches Management
Begriff	Umfasst Funktion und Funktionäre	Umfasst Werte, Umfeld, Funktion und Funktionäre
Basis	Gewinn, Performance	Ethik
Kernfrage	Was bringt am meisten?	Was ist richtig oder falsch?
Leitprinzip	Effizienz	Effektivität
Instrumente	SWOT, Balanced Scorecard etc.	Glaubwürdigkeitsanalysen, Dilemmata-Management, Wertemanagement, Ethikinstrumente, Sustainability Balanced Scorecard etc.

Doch wie kommen Unternehmen, Verbände oder Organisationen zu einer solchen Philosophie?

Das nachfolgend beschriebene Ethics & Purpose Markenmodell liefert dafür Lösungen. Es beschreibt die Elemente eines klassischen Markenmodells, die über Workshops und Strategiediskussionen erarbeitet werden müssen, und ergänzt diese um einen ethischen Ansatz, der sich der oben beschriebenen Instrumente der Theorie des verantwortlichen Managements bedient. Insofern wird der so erarbeitete Purpose durch ein umfassendes Ethos des Unternehmens, des Verbands oder der Organisation aufgeladen.

---

[5] Gabriele Faber-Wiener, 2013, Responsible Communication, Kapitel 1.3, 2.2 und 2.4

[6] Gabriele Faber-Wiener, 2013, Responsible Communication, Kapitel 2.2

[7] Gabler Wirtschaftslexikon online, https://wirtschaftslexikon.gabler.de/definition/marke-36974#definition (letzter Zugriff: 14.02.2021)

(Anmerkung: An dieser Stelle soll keine Diskussion darüber geführt werden, ab wann ein Unternehmen oder einzelne seiner Produkte, Systeme oder Dienstleistungen zu einer Marke werden oder als solche wahrgenommen werden. Um strategisch-kommunikativ einen Schritt weiter zu kommen, gehen wir von der Annahme aus, dass nahezu alle Unternehmen den Wunsch haben, eine Marke zu sein oder in ihrem Portfolio zu haben. Insofern müsste eine grundsätzliche Denkbereitschaft vorliegen, ein Unternehmen, einen Verband oder eine Organisation wie eine Marke zu führen.)

In der klassischen Markentheorie ist eine Marke „die Summe aller Vorstellungen, die ein Markenname oder ein Markenzeichen bei Kunden hervorruft bzw. hervorrufen soll, um die Waren oder Dienstleistungen eines Unternehmens von denjenigen anderer Unternehmen zu unterscheiden".[7] Der Annahme vieler Unternehmen, ihr Logo sei schon

Ethics & Purpose Markenmodell

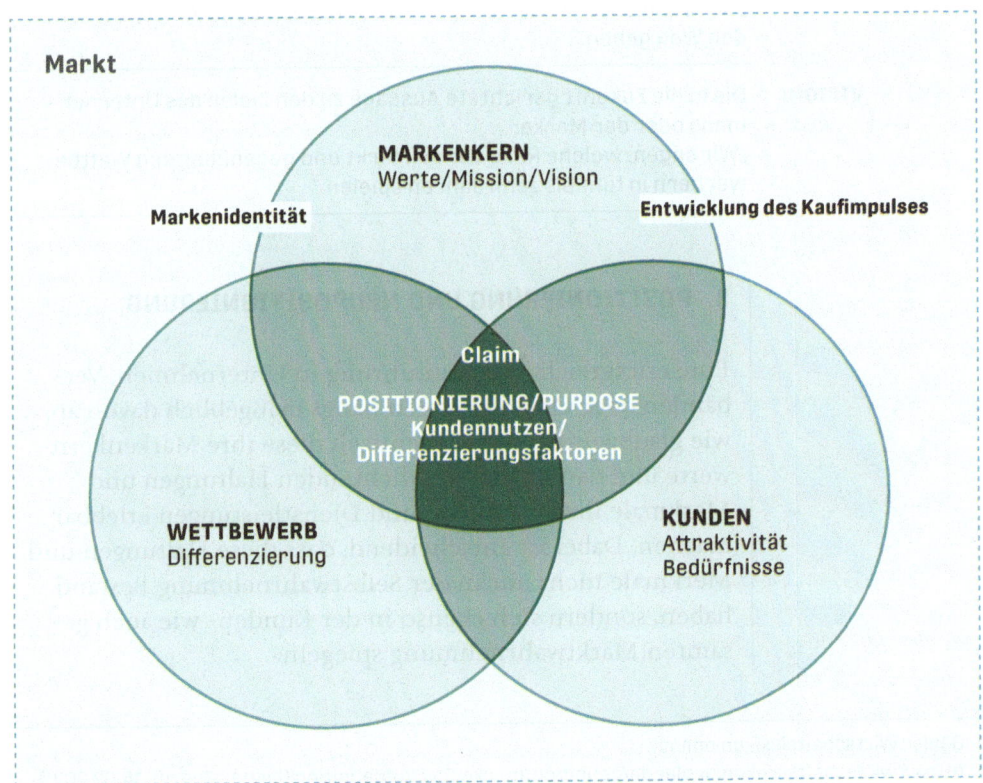

ihre Marke, muss an dieser Stelle vehement widersprochen werden. Das Logo ist sicher ein wichtiger Bestandteil eines Markenbildungsprozesses. Aber zu diesem gehört ein ganzes Bündel von Maßnahmen, die letztlich zu einem glaubwürdigen, authentischen und stimmigen Markenbild führen. Elementar dafür sind – und das können alle Kommunikations- und Marketingverantwortlichen, die in ihrem Berufsleben schon mal einen Markenbildungsprozess begleitet haben, unterstreichen – die zu definierenden Markenkernwerte. Mit ihnen werden Haltungen und Merkmale ausgedrückt, die dem Handeln des Markenbesitzers zugrunde liegen.

Bestandteile des Markenkerns:

WERTE: Haltungen und Merkmale, die dem Handeln zugrunde liegen.
„Wir teilen mit, durch was sich unser Tun auszeichnet und was uns dabei wichtig ist."

MISSION: Beschreibt den markenspezifischen Weg zur Zielerreichung.
„Wir definieren unsere Leitplanken und die Art und Weise, wie wir den Weg gehen."

VISION: Die in die Zukunft gerichtete Aussage zu den Zielen des Unternehmens oder der Marke.
„Wir sagen, welche Rolle wir im Markt und gegenüber den Wettbewerbern in fünf bis zehn Jahren spielen."

3. POSITIONIERUNG UND NEUPOSITIONIERUNG

Eine erfolgreiche Markenführung in Unternehmen, Verbänden oder Organisationen hängt maßgeblich davon ab, wie glaubwürdig und authentisch diese ihre Markenkernwerte und damit ihre verpflichtenden Haltungen und Merkmale ihrer Produkte und Dienstleistungen erlebbar machen. Dabei ist entscheidend, dass diese Haltungen und Merkmale nicht nur in der Selbstwahrnehmung Bestand haben, sondern sich ebenso in der Kunden- wie auch gesamten Marktwahrnehmung spiegeln.

---

[7] Gabler Wirtschaftslexikon online,
https://wirtschaftslexikon.gabler.de/definition/marke-36974#definition (letzter Zugriff: 14.02.2021)

Wie im Schaubild „Ethics & Purpose Markenmodell" deutlich wird, ist es die Schnittmenge aus Markenkern, der Betrachtung des Wettbewerbs oder der Marktbegleiter sowie jener Faktoren, die bei Kunden die Attraktivität einerseits und das Kaufbedürfnis andererseits auslösen, die für eine Marke zur Positionierung führt. Eine klare Positionierung schafft für Unternehmen, Verbände und Organisationen nicht nur Einzigartigkeit; eine Positionierung drückt gleichermaßen Haltung aus und beschreibt die USP (Unique Selling Proposition).

Mit einer klaren Positionierung sind aber nicht nur unverwechselbare Haltungen und Merkmale verbunden, sie drücken im Wesentlichen auch den Purpose, den Zweck, aus. Und genau hier schließt sich der Kreis. Wenn für Unternehmen, Verbände und Organisationen nachhaltige Geschäftsmodelle erarbeitet werden sollen, ist es zwingend notwendig, den Sinn und Zweck des (unternehmerischen) Handelns mit den drei folgenden grundsätzlichen ethischen Fragestellungen zu verbinden:

1. Wie ist das Unternehmen ethisch-ökonomisch ausgerichtet?
2. Wie ist das Unternehmen ethisch-ökologisch ausgerichtet?
3. Wie ist das Unternehmen ethisch-sozial ausgerichtet?

Aus diesen ethischen Fragestellungen werden sich gezwungenermaßen noch diese ergeben:

- Stimmen noch alle die von uns definierten Unternehmenswerte?
- Haben unsere Mission und unsere Vision vor den Antworten dieser drei ethischen Handlungsfelder Bestand?

Ein verantwortliches Management, das sich zum Ziel gesetzt hat, ein nachhaltiges Geschäftsmodell zu betreiben, und die dafür integrale verantwortliche Kommunikation zeichnen sich dadurch aus, dass sie sich nicht nur offensiv diesen Fragen stellen, sondern sie entsprechend beantworten. Diese Antworten sind der gedankliche Rohstoff, aus dem eine neue Corporate Governance gegossen wird. Aus ihr leiten sich Kommunikationsmaßnahmen wie Webauftritte, PR-Strategien, Produktmarketingstrategien und eine Regelkommunikation mit allen Stakeholdern ab. Hierzu zählen Geschäftspartner, Investoren, Banken, Zulieferer und Kunden wie auch die interessierte Öffentlichkeit, die Politik und insbesondere die Mitarbeitenden.

In der logischen Ableitung aus dem verantwortlichen Management schafft eine verantwortliche Kommunikation Transparenz, Akzeptanz und Glaubwürdigkeit für alle relevanten Managemententscheidungen, alle Managementprozesse und die gesamte Innen- wie Außenkommunikation.[8]

Eine klare Positionierung schafft nicht nur Einzigartigkeit; eine Positionierung drückt gleichermaßen Haltung aus und beschreibt die USP.

4. ETHICS & PURPOSE – DAS RATING-TOOL

In Zusammenarbeit mit dem Direktor des Weltethos-Instituts an der Universität Tübingen, Prof. Dr. Dr. Ulrich Hemel, entstanden die nachfolgenden zehn Kriterien für ein ethisches Rating von Unternehmen, Verbänden und Organisationen. Diese zehn Kriterien wurden mit einem Grundfragenkatalog hinterlegt, der in Form von Workshops bearbeitet werden soll. Um ein repräsentatives Bild zu erzeugen, bietet es sich an, für die Workshops Personen aus unterschiedlichen Führungsebenen und – zwingend – unterschiedlichen Abteilungen/Disziplinen auszuwählen.

Die zehn Kriterien im Überblick:
1. Transparente Information
2. Wahrgenommene Fairness im Verhalten
3. Qualität der Kommunikation
4. Verantwortung bei den 17 SDG-Zielen
5. Ethisches Bewusstsein im Management
6. Fähigkeit im Umgang mit Konflikten
7. Qualität der Corporate Governance
8. Sensibilität für ethische Kritik
9. Arbeitgeberattraktivität
10. Öffentliche Glaubwürdigkeit

Mit der Beantwortung dieser zehn Kriterien erhalten die Workshop-Teilnehmenden ein Bild über ihr Unternehmen, ihren Verband oder ihre Organisation in den jeweiligen Teilbereichen. Um diese Antworten richtig einschätzen und in einen Kontext mit anderen Unternehmen, Verbänden oder Organisationen bringen zu können, sind eine professionelle Moderation und Erfahrungen unerlässlich. Doch unabhängig davon zeigen sich in entsprechend durchgeführten Workshops, wie schnell sich Workshop-Teilnehmende auf diese Verantwortungsebene einlassen und damit maßgeblich dazu beitragen, für Transparenz, Akzeptanz und Glaubwürdigkeit zu sorgen.

Dieser Diskurs legt richtige oder falsche Kommunikationsmaßnahmen genauso offen wie ethisch verantwortliche oder unverantwortliche Managemententscheidungen.

Es ist letztlich die im Diskurs vorgenommene Einstufung der Ergebnisse zu den einzelnen Kriterien auf einer Skala von 0 (trifft überhaupt nicht zu) bis 10 (trifft voll und ganz zu), die zu einem empirischen Bild davon führt, wo das Unternehmen, der Verband oder die Organisation mit den jeweils handelnden Personen aktuell stehen. Kritiker dieser Methode mögen anmerken, dass diese Ergebnisse nicht objektivierbar seien. Das ist korrekt, da es sich um subjektive Wahrnehmungen einzelner Personen handelt. Doch die Summe aller dieser subjektiven Wahrnehmungen lässt für den externen Betrachter ein Bild entstehen, das zu neuer Erkenntnis führt. Es werden über diese Einstufungen „richtige oder falsche Kommunikationsmaßnahmen" genauso offengelegt wie beispielsweise ethisch-verantwortliche oder unverantwortliche Managemententscheidungen. Das nachfolgende Beispiel, durchgeführt von Prof. Dr. Dr. Ulrich Hemel mit der Telekom[9], zeigt, welche Ergebnisse über ein ethisches Rating erzielt werden können und welche Empfehlungen das Unternehmen aus diesem ethischen Rating mitnimmt.

---

[8] Gabriele Faber-Wiener, 2013, Responsible Communication, Kapitel 2.4

[9] Prof. Dr. Dr. Ulrich Hemel, Weltethos und Vertrauensbildung in Unternehmen, Weltethos-Ambassador-Tag, 20. September 2019

Beispiel für ein ethisches Unternehmensrating: Telekom

1. Fakten

Gründung: 1995   **Mitarbeiter:** 215.675 (2018)   **EBITDA:** 21,8 Mrd. € (2018)
Branche: Telekommunikation   **Kunden:** 234.7 Mio. (2018)   **Gewinn:** 2,2 Mrd. € (2018)
Länder: >50   **Umsatz:** 75,7 Mrd. (2018)

2. Ethische Herausforderung

- Unternehmung lebt von der Nutzung von Daten
- Daran sind viele Arbeitsplätze gekoppelt
- Technologie vereinfacht das Leben aller und ermöglicht
  z.B. effizienteres Arbeiten (E-Mail, Videokonferenzen, usw.)
- Insbesondere Digitalethik ist ein relativ unerforschter Bereich

Wie kann die Deutsche Telekom ihrem Geschäft nachgehen und
zeitgleich verantwortungsvoll mit erhobenen Daten umgehen?

3. Ethische Bewertung

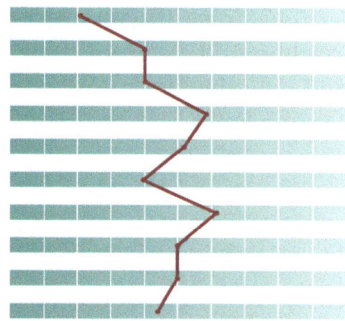

1. Transparente Information
2. Wahrgenommene Fairness im Verhalten
3. Qualität der Kommunikation
4. Verantwortung bei den 17 SDG-Zielen
5. Ethisches Bewusstsein im Management
6. Fähigkeit im Umgang mit Konflikten
7. Qualität der Corporate Governance
8. Sensibilität für ethische Kritik
9. Arbeitgeberattraktivität
10. Öffentliche Glaubwürdigkeit

Gesamt 4,65

4. Alternative Handlungsoptionen

- Einfach verständliche und leicht zugängliche Informationen über den Verbleib,
  Umgang und die Verarbeitung von Daten publizieren
- Proaktives Hinweisen auf eventuelle Gefahren/Unsicherheiten,
  ggf. auch im Shop im Beratungsgespräch
- Ausschließliches Angebot von Opt-in-Optionen (statt aktueller Opt-out-Angebote)
- Proaktives Engagement in ethischen Diskussionen zum Thema Daten,
  um mit technologischem Fortschritt Schritt zu halten
- Chancen, zur Erreichung der 17 SDGs beizutragen, nutzen z.B. im Bereich eHealth

5. Empfehlung/Nächste Schritte

Öffentliche Kommunikation und öffentliches Auftreten pro Datenschutz: Positionierung als
aktiver Kämpfer für Datenschutz und -rechte, bzw. für den Kunden/Nutzer

Recht und Compliance Vorstandsposten nicht streichen

Güterabwägung: Wie weit kann man neue Technologien wie z.B. im Bereich eHealth wei-
terverfolgen? Ab welchem Punkt sind zunächst ethische Debatten notwendig bevor ggf.
weitergegangen werden kann?

**Positionie-
rung und
Purpose
ergeben das
Fundament,
auf dem
ein in
die Zukunft
gerichtetes,
nachhaltiges
Geschäfts-
modell
entstehen
kann.**

Beide Elemente – die Erarbeitung einer (Neu-)Positio-
nierung und des Purpose nach dem Ethics & Purpose
Markenmodell einerseits und die Beantwortung der zehn
Kriterien für das Ethics & Purpose Rating-Tool andererseits – ergeben zusammen das Fundament, auf dem ein
in die Zukunft gerichtetes, nachhaltiges Geschäftsmodell
entstehen kann.

5. ABSCHLIESSENDE EMPFEHLUNG

Eine nachhaltige Ausrichtung und Positionierung von
Unternehmen, Verbänden oder Organisationen sowie
die Ausgestaltung von Transformationsprozessen hin zu
einer nachhaltigeren Wirtschafts- und Handlungswei-
se ist immer mit ethischen Fragestellungen verbunden.
Insbesondere bei der Beantwortung der drei ethischen
Kernfragen im Rahmen einer Positionierung sowie bei der
Beantwortung der Grundfragen zu den zehn Kriterien des
Rating-Tools werden sich ethische Dilemmata ergeben.
Sich diesen aktiv zu stellen, bedeutet nicht nur, den Prozess der Zukunftssicherung des eigenen Geschäftsmodells
einzuleiten, sondern zugleich eine Präventivmaßnahme
zu ergreifen, um Krisensituationen erst gar nicht entstehen zu lassen. Die jüngsten Krisen, sei es die Dieselkrise,
die Skandale um fleischverarbeitende Großbetriebe und
Tierhaltung oder auch der Wirecard-Skandal, hätten durch
eine verantwortliche Kommunikation auf Basis einer
ethisch-orientierten Unternehmensführung vermieden
werden können.

Das Weltethos-Institut hat mit seinem Weltethos-Ambassador-Programm eine Möglichkeit geschaffen, Menschen
in unterschiedlichen Führungsverantwortungen in diesem
Bereich zu sensibilisieren. Deshalb wäre es für Unternehmen, Verbände und Organisationen von großem Vorteil,
dass mindestens eine verantwortliche Person bereits dieses
Weltethos-Ambassador-Programm durchlaufen hätte.

Um ethische Fragestellungen aus Beratersicht beantworten zu können, ist es für Kommunikationsverantwortliche, die in der Regel im Unternehmen diese Sichtweise

einzunehmen haben, unerlässlich, das Weltethos-
Ambassador-Programm zu absolvieren, um dadurch
– und nicht zuletzt auch mithilfe der Weltethos-
Toolbox – Fragestellungen bewältigen und entsprechende Beratungsleistungen abgeben zu können.

WORKSHOP

MODUL 1: Ethics & Purpose Markenmodell

- Wie lautet die Mission/Vision Ihres Unternehmens?
- Welche Markenkernwerte wurden identifiziert?
- Welche Positionierung leitet sich daraus für Ihr Unternehmen ab?
- Wie definiert sich Ihr Purpose?
- Wie authentisch/glaubwürdig ist die Innen- und
  Außenkommunikation Ihres Unternehmens?

MODUL 2: Ethics & Purpose Rating-Tool

Ziel von Modul 2 ist es, aufbauend auf Modul 1, Ihr nachhaltiges
Geschäftsmodell zu vervollkommnen und die Neupositionierung
abzuschließen.

LEKTÜRETIPPS

Faber-Wiener, Gabriele:
Responsible Communication.
Wie Sie von PR und CSR-Kommunikation zu echtem
Verantwortungsmanagement kommen.
Springer Gabler, 2013

MEHR HALTUNG WAGEN

STRATEGISCHE HALTUNGS-KOMMUNIKATION ALS ERFOLGSFAKTOR FÜR SUSTAINABILITY

Ina Dürig und Uta-Micaela Dürig

Nachhaltigkeit ist seit jeher ein Merkmal von Familienunternehmen. Inzwischen richten viele Unternehmen ihre Strategie daran aus. Doch wie dieses Ziel erreichen, wie mit relevanten Stakeholdern kommunizieren? Der Beitrag begründet, warum eine Haltung zu beziehen die Grundlage für eine Kommunikation in VUCA-Zeiten ist und gleichwohl gelernt sein will.

© Der/die Autor(en), exklusiv lizenziert durch
Springer Fachmedien Wiesbaden GmbH, ein Teil von Springer Nature 2021
A. Tomfeah und H. Haug (Hrsg.), *Glaubwürdige Unternehmenskommunikation*,
https://doi.org/10.1007/978-3-658-34249-4_2

Nachhaltige Unternehmenssteuerung ist seit langem Kern-aufgabe eines jeden Familienunternehmens: Ziel ist es, der nachfolgenden Generation ein erfolgreiches Unternehmen zur positiven Weiterentwicklung übergeben zu können. Börsennotierte Firmen verfolgen eine nachhaltige Unter-nehmenssteuerung spätestens seit der Einsicht, dass reine Shareholder-Value-Orientierung ohne Berücksichtigung von Mitarbeitenden oder gesellschaftlichen Interessen dauerhaft nicht erfolgreich sein kann und nicht mehr akzeptiert wird.

Heute richten modern geführte Unternehmen ihre gesam-te Unternehmensstrategie und ihr Verhalten an Nach-haltigkeitsaspekten aus. Sustainability Governance, KPIs, Audits und geeignete Prozesse, um nachhalten zu können, wie sich der Effizienzgrad und die Wirksamkeit entwickeln, werden dafür in Unternehmen eingeführt und beispiels-weise nach dem GRI-Content-Index[1] regelmäßig und transparent dokumentiert.

Doch allein mit diesen Strukturen ist der Nachhaltigkeits-erfolg dauerhaft nicht zu erreichen. Es muss um den Aus-tausch und die Sensibilisierung von relevanten Stakehol-dern gehen. Hierzu gehören der gesamte Lebenszyklus von einem Produkt und auch die Zulieferer eines Unterneh-mens. Im Hinblick auf alle relevanten Stakeholder kommt den eigenen Mitarbeitenden eine besondere Bedeutung zu. Sie zu erreichen und für die Ziele der Sustainability-Maß-nahmen zu gewinnen, heißt, die gesteckten Ziele – sei es Energieeinsparung, die Entwicklung neuer ressourcenscho-nender Produkte oder Reduzierung von Abfall – früher und effizienter zu erreichen.

Dabei spielt das Vorleben von Haltung eine wichtige Rolle: Menschen erreicht man mit klaren und verständ-lichen Positionen, die auch mal provozieren dürfen, um Diskussionen in Gang zu setzen. Positionen sind gefragt, die unmissverständlich sind – etwas, das in der heutigen Zeit mehr als notwendig erscheint. Denn wir leben in einer Zeit, in der die Komplexität von Themen zunimmt, Fake News gezielt eingesetzt werden und Menschen nach Orientierung suchen.

Politische und gesellschaftliche Themen sind ganz oben auf der CEO-Agenda angekommen.

„In einer Welt, die aus den Fugen geraten scheint"[2], ist Haltung zu zeigen und für spezifische Themen einzustehen Notwendigkeit, erste Bürger:innenpflicht. Diese fordert die Öffentlichkeit nun immer mehr auch von Unternehmen ein: 31 Prozent der Befragten einer Studie von JP | Kom und Civey[3] möchten, dass Unternehmen eine klare politische Stellung einnehmen – hierin ist die Gruppe der jüngeren Befragten besonders hoch. Die jährliche Untersuchung Edelman Trust Barometer[4] zeigt zudem eine Verschiebung des Vertrauens von Regierungsinstitutionen hin zum Arbeitgeber als vertrauenswürdigste Organisation.

Die weltweiten aktuell schwierigen sozialen, ökologischen und ökonomischen Rahmenbedingungen haben politische und gesellschaftliche Themen daher auch ganz oben auf die Agenda von CEOs und Führungskräften in Unternehmen gebracht: Nicola Leibinger-Kammüller (Trumpf), Franz Fehrenbach (Bosch), Tim Höttges (Telekom) und Joe Kaeser (Siemens) sind nur einige der Wirtschaftsvertreter:innen aus Deutschland, die sich seit einigen Jahren bereits eindeutig auch zu Themen außerhalb des direkten Unternehmensradius äußern.

Dies war nicht immer so. Noch in den 90er-Jahren gestaltete man in Wirtschaftskreisen Gesellschaftspolitik indirekt mit oder ließ den jeweiligen Branchenverband sprechen. Öffentlich jedoch gab es nur wenig Äußerungen zu gesellschaftlichen oder politischen Entwicklungen von Unternehmenslenker:innen. Manch Geschäftsführer:in hatte schlichtweg Angst. Das Attentat der linksterroristischen Rote-Armee-Fraktion (RAF) auf u. a. Deutsche Bank-Vorstandssprecher Alfred Heerhausen 1989, als „Symbol für Geld und Macht", zeigte Wirkung. Heerhausen galt damals

---

1 https://www.globalreporting.org/reporting-support/services/content-index-service/ (letzter Zugriff: 14.02.2021)

2 https://www.auswaertiges-amt.de/de/newsroom/150607-rede-bm-kirchentag-kofi-annan/272218 (letzter Zugriff: 14.02.2021)

3 https://www.jp-kom.de/civey-umfrage-deutsche-wuenschen-sich-von-unternehmen-eine-politische-haltung (letzter Zugriff: 14.02.2021)

4 https://www.edelman.com/trust/2021-trust-barometer (letzter Zugriff: 14.02.2021)

als eine Ausnahmeerscheinung unter Spitzenmanagern. Denn er bezog klar Stellung.

Haltungskommunikation strategisch managen – Erkenntnisse einer Masterthesis

Immer mehr Unternehmen und CEOs nehmen Risiken in Kauf, handeln werteorientiert.

Die Positionierung von Unternehmen zu gesellschaftspolitischen Themen wird häufig aus einer normativen Perspektive betrachtet. Doch auch heute haben Botschafter:innen noch immer Angst vor den Konsequenzen einer klaren Haltung des Unternehmens. Die im Rahmen einer Masterarbeit[5] an der Johannes Gutenberg-Universität Mainz befragten Kommunikationsexpert:innen umsatzstarker deutscher Unternehmen identifizierten eine Reihe von Risiken, die mit der Kommunikation einer Haltung einhergehen.

Vor allem die Kritik aus der Öffentlichkeit an der kommunizierten Haltung, in Form von verbalen Angriffen und Shitstorms, fürchten viele der Kommunikationsverantwortlichen. Auch dass Kund:innen und Zulieferer sich abwenden, Mitarbeitende aufgrund einer divergierenden Haltung kündigen könnten, schätzen die Befragten als „realistisches Szenario" ein. Ausgelöst durch einen Verlust der Glaubwürdigkeit – wenn die kommunizierte Haltung nicht authentisch gelebt wird – führe die Abwendung von Stakeholdergruppen womöglich zu finanziellen Einbußen. Zwei Kommunikator:innen befürchten sogar, dass Haltungskommunikation negative Effekte auf die Reputation des Unternehmens haben könnte, wenn diese nicht konsistent ist.

Doch immer mehr Unternehmen und CEOs nehmen diese Risiken in Kauf, kommunizieren werteorientiert. Auch eine aktuelle Studie der ESMT European School of Management and Technology, Berlin, mit dem Titel „The Political CEO – Gründe für sozialpolitischen Aktivismus von Vorständen"[6] ergab, dass sich Geschäftsführer:innen öffentlich zu

---

[5] Dürig, Ina: Haltung zeigen! Strategische gesellschaftspolitische Positionierung als Aufgabe der Unternehmenskommunikation. (Nicht veröffentliche Masterarbeit). Johannes Gutenberg-Universität, 2020

[6] https://esmt.berlin/de/presse/neue-studie-der-esmt-berlin-zeigt-politisches-engagement-immer-wichtiger-fuer-ceos-und (letzter Zugriff: 14.02.2021)

politischen Themen äußern, um mit ihrem Einfluss einen konstruktiven Beitrag zu wesentlichen, gesellschaftsrelevanten Themen zu leisten. Laut ESMT wollen europäische CEOs mit der öffentlichen Stellungnahme einen Mehrwert zum inhaltlichen Diskurs leisten, aber keine parteipolitische Haltung einnehmen. So werden ökologische, ökonomische und soziale Themen – wie Klimawandel, Einwanderungspolitik oder das bedingungslose Grundeinkommen – als Themenbereiche zur öffentlichen Stellungnahme genannt. Weniger als jeder Zehnte der befragten CEOs gab an, dass es heute angemessen sei, öffentlich parteipolitische Haltung zu beziehen.

Auch die Befragung im Rahmen der Masterthesis zeigt, dass Unternehmen sich lieber aus parteipolitischen Debatten heraushalten. Zusätzlich zu den in der ESMT-Studie identifizierten Themen benannten die Befragten als Gegenstand ihrer Haltungskommunikation Diversity, EU- und Außenpolitik, demokratische Grundwerte und Rassismuskritik. Teils sind aber auch Themen wie Sozialstandards, Mitarbeitendenbildung, Women Empowerment, Energiepolitik, Gesundheitsversorgung, Datenschutz und die möglichen gesellschaftlichen Auswirkungen neuer Technologien Bestandteil einer gesellschaftspolitischen Haltung.

Um die oben aufgeführten möglichen Risiken, die mit der Positionierung zu solchen Themen einhergehen, zu kennen und einzuschätzen – im besten Falle sogar zu minimieren –, sollte Haltungskommunikation strategisch gesteuert werden. Die Hauptverantwortung für die gesellschaftspolitische Positionierung des Unternehmens muss laut der Interviewten daher der:die CEO gemeinsam mit der Unternehmenskommunikation tragen.

Strategisches Management gesellschaftspolitischer Themen

„Es gibt eigentlich kein Unternehmen, das keine Haltung hat. Denn natürlich können Sie nicht für menschenunwürdige Arbeitsbedingungen sein. Die Frage ist eben. Gibt es besondere Bereiche, die einzelne Unternehmen sehr

Unternehmen vermeiden Stellungnahmen zu politischen Parteien und Politiker:innen.

viel stärker akzentuieren als man das erwarten würde", so einer der Befragten im Interview. Auch wenn zumeist wertegetriebene Motive hinter der Kommunikation einer Haltung liegen, stellen die befragten Kommunikationsverantwortlichen auch strategische Überlegungen an.

Ein strategisches Motiv ist zum Beispiel die Sicherung der „license to operate". Indem eine Haltung nach außen getragen wird, erhoffen sich die Befragten, Gehör bei Politik und Öffentlichkeit für ihre Themen und Argumente zu erhalten und so die passenden Rahmenbedingungen für die allgemeine wirtschaftliche Weiterentwicklung und für das Fortbestehen des Unternehmens zu erlangen. Aber

auch Reputations- und Imagemanagement können Kommunikator:innen dazu bewegen, ihr Unternehmen gesellschaftspolitisch zu positionieren. Mit Hilfe eines strategischen Issues Management kann Haltungskommunikation aber auch beim Risikomanagement helfen.

Der PR-Managementprozess von Zerfaß[7] ist ein universelles Tool zur strategischen Planung von Kommunikation. Bestehend aus den vier Phasen Analyse, Planung, Umsetzung und Evaluation, kann es auch beim Management von Haltungsthemen helfen. Die Grafik zeigt, welche Aufgaben die strategische Planung von Haltung in den einzelnen Phasen beinhaltet:

Analysephase	Planungsphase	Umsetzungsphase	Evaluationsphase
– passende Themen für die gesellschaftspolitische Positionierung identifizieren – potenzielle Risiken und Chancen abschätzen – Methoden: Issues Management, Stakeholderanalyse oder Reputations- und Imageanalysen oder Expert:innenwissen und Dialoge mit internen und externen Stakeholdern	– Ziele der Haltungskommunikation definieren – Kommunikationsmaßnahmen planen – Regelungen zum Umgang mit Haltungsthemen in der Unternehmenskommunikation und im gesamten Unternehmen treffen	– Wahl der richtigen Medien und Kanäle: Besonders passend sind dabei Kanäle, die Dialoge ermöglichen. Z.B. Social Media und Veranstaltungen.	– Für die Kontrolle der Zielerreichung passende Instrumente, z.B. Reputations- und Imageanalysen, Medienresonanzanalysen, Social-Media-Analysen

ZUSÄTZLICHE BEDINGUNGEN FÜR EINE ERFOLGREICHE HALTUNGSKOMMUNIKATION

Um das Unternehmen erfolgreich gesellschaftspolitisch zu positionieren, sollten Praktiker:innen zusätzlich zur strategischen Planung der Haltungskommunikation darauf achten, dass sie eine Konsistenz aufweist. Dies ist am besten über die Unternehmenswerte zu erreichen, an denen die Haltung ausgerichtet sein sollte. Auch die Authentizität der Haltungskommunikation ist in diesem Kontext wichtig. Zum einen sollte das Thema einen gewissen „Fit" zum Unternehmen aufweisen. Dieser kann entweder über eine thematische Nähe oder aber über aktive Handlungen, die die Haltung stützen, erreicht werden.[8] Durch die Schnelligkeit, mit der sich Diskussionen zu gesellschaftspolitischen Themen oder Äußerungen von Unternehmen und ihren Mitgliedern aufheizen, ist auch die Fähigkeit, Dialoge zu managen, zuzuhören und den richtigen Ton bei der Einordnung der eigenen Möglichkeiten zu treffen, von großer Bedeutung (Dialogfähigkeit). Schlussendlich kann eine gesellschaftspolitische Positionierung jedoch nur mit der Unterstützung durch wichtige Entscheider:innen erfolgreich gelingen.

Ob und wie sich ein Unternehmen zu einem gesellschaftspolitischen Thema äußert, hängt oft auch mit persönlichen Prädispositionen der CEOs bzw. des Topmanagements als „letzte Entscheidungsinstanz" zusammen. Häufig sind CEOs und andere Vorstände Absender:innen der Haltungskommunikation und müssen die Botschaft authentisch verkörpern. Je stärker Absender:innen den Inhalt einer Botschaft vorleben und dazu stehen, desto glaubhafter ist sie und desto eher wird sie mit dem:der CEO verbunden – nicht zuletzt, umso wirkungsvoller wird sie sein.

Konsistenz, Authentizität und Dialogfähigkeit sind wichtige Bedingungen für erfolgreiche Haltungskommunikation.

---

[7] Zerfaß, Ansgar: Unternehmensführung und Öffentlichkeitsarbeit: Grundlegung einer Theorie der Unternehmenskommunikation und Public Relations. VS Verlag für Sozialwissenschaften, 2010

[8] Wettstein, Florian & Baur, Dorothea: „Why Should We Care about Marriage Equality?": Political Advocacy as a Part of Corporate Responsibility. In: Journal of Business Ethics, 138(2), 2016, 199–213

HALTUNG MOTIVIERT MITARBEITER:INNEN – ERFOLGS-FAKTOR FÜR SUSTAINABILITY

Obwohl also durchaus Risiken der Haltungskommunikation gesehen werden, setzt sich bei Unternehmenslenker:innen und Unternehmenskommunikator:innen mehr und mehr die Einsicht durch, dass angesichts der zunehmenden ökologischen, politischen wie gesellschaftlichen Herausforderungen Haltung gezeigt werden muss. Dahinter stehen einerseits persönliche Überzeugungen von CEOs, andererseits die Einsicht, die schon Robert Bosch Anfang des vergangenen Jahrhunderts vertrat, dass sich ein Unternehmen nur dann positiv weiter entwickeln könne, wenn es in einem intakten, friedvollen Umfeld tätig sei, für das sich Wirtschaftsvertreter:innen ebenso engagieren müssten.

Haltungskommunikation führt erst zum Verständnis von Nachhaltigkeitsaktivitäten.

Unternehmen arbeiten daher im Rahmen einer nachhaltigen Unternehmenssteuerung für eine dauerhaft positive Wirtschaftsentwicklung statt für eine kurzfristige Gewinnmaximierung. Sie setzen sich andererseits zielgerichtet für die Umwelt, für politische Themenstellungen sowie gesellschaftliche Belange wie Armutsbekämpfung, Integrationsthemen oder Chancengleichheit ein.

Um aber die selbst definierten Ziele schrittweise erreichen zu können, liegt der Schlüssel zum Erfolg neben vielen Einzelaspekten in einer klaren und authentischen Haltungskommunikation. Sie garantiert erst, dass die Gründe und Ziele für Nachhaltigkeitsaktivitäten internen wie externen Bezugsgruppen bewusst werden, die Kraftanstrengungen durch eine Vielzahl von Maßnahmen – wie die Reduktion von CO_2-Emissionen – wirksam werden oder Beschäftigte von Unternehmen engagiert an der Erreichung der Nachhaltigkeitsziele mitwirken und eigene Ideen einbringen.

Aus der Praxis wissen wir, dass eine klare Haltung des:der CEO Führungskräfte und Mitarbeiter:innen motiviert. Sie stärkt nachweislich die Identifikation mit dem Unternehmen. Dabei kommen spezifischen Social Media- sowie Dialogveranstaltungen mit internen wie externen Bezugsgruppen, ob live, als hybride Veranstaltung oder digital, zentrale Bedeutung zu. Über sie werden Aushandlungsprozesse in Gang gesetzt. Es können Haltungen besprochen und reflektiert werden. Und es können neue Erkenntnisse und Aktivitäten teils gemeinsam entwickelt werden. Gerade auch die sich Ende 2019/Anfang 2020 weltweit ausbreitende Pandemie setzte hierzu Kreativität bei der Entwicklung und Umsetzung wirkungsvoller Digitalformate zur weltweiten Kooperation und Kollaboration frei.

FAZIT

Unternehmenslenker:innen nutzen für die Haltungskommunikation ihre Bekanntheit, um Zeichen innerhalb gesellschaftspolitischer Debatten zu setzen, und rufen zum Nachdenken über Positionen oder Engagement für relevante Themen auf. Strategische Haltungskommunikation ist daher ein Erfolgsfaktor für Sustainability: Durch klare Haltungen schafft sie die Grundlage sogar über das Unternehmen hinaus wirksame Nachhaltigkeit zu befördern.

AUFGABEN DER UNTERNEHMENSKOMMUNIKATION

Durch die Masterthesis konnten verschiedene Aufgaben der Unternehmenskommunikation identifiziert werden, die bezüglich der Haltungskommunikation besonders relevant sind.

CHECKLISTE

- **Beratungsfunktion:**
  Kommunikationsleiter:innen sind schon heute Sparringspartner:innen der Geschäftsführung. Im Zuge der gesellschaftspolitischen Positionierung des Unternehmens wird diese Aufgabe noch wichtiger, da CEOs hinsichtlich möglicher Themen und ihrer kommunikativen Ausspielung und den damit verbundenen Chancen und Risiken beraten werden wollen.

- **Planungsfunktion:**
  Die Auswahl der Themen und die dazu passenden Kanäle und Botschafter:innen sowie die Abstimmung mit anderen

Kommunikationsaktivitäten gehören zu den wichtigsten Aufgaben. Dies schließt die Risikobewertung und Szenarioplanung ebenso ein wie die Erstellung von Sprachregelungen und Argumentationshilfen.

– **Ausführungsfunktion:**
Die Unternehmenskommunikation übernimmt selbstverständlich auch die Streuung der Themen über interne und externe Kanäle und tritt als Absenderin der Haltung auf, wenn keine konkrete Person diese verkörpert.

– **Koordinierungsfunktion:**
Um das gesamte Unternehmen bei der Bildung einer Haltung zu involvieren, sollte die Unternehmenskommunikation in die Diskussion mit Kolleg:innen aus allen Abteilungen treten und so einen Aushandlungsprozess anstoßen. Dies ist wichtig, um den Rückhalt für eine Haltung aus den eigenen Reihen sicherzustellen. Sind Mitarbeiter:innen nicht von der Authentizität der gesellschaftspolitischen Positionierung überzeugt, wird diese auch von externen Stakeholdergruppen nicht als authentisch wahrgenommen werden.

– **Vermittlungsfunktion:**
Die Unternehmenskommunikation tritt im Sinne der Stakeholder Theory als Vermittlerin zwischen Umwelt und Unternehmen auf. Sie identifiziert auf der einen Seite Themen, die den Anspruchsgruppen wichtig sind, und vertritt auf der anderen Seite das Unternehmen mit seiner Haltung nach außen. Der Dialog mit Stakeholdern ermöglicht ebenfalls Themen auszuhandeln und so möglicherweise das „right to advocate"[9] zu gewinnen.

---

[9] Sethi, Prakash, & Williams, Oliver: Creating and implementing global codes of conduct: An assessment of the sullivan principles as a role model for developing international codes of conduct – lessons learned and unlearned. In Business and Society Review, 105(2), 2000: 197

ANGEMESSENE STORY – NACHHALTIGER CONTENT

GRUNDLAGEN FÜR EINE LANGFRISTIG KONSISTENTE UNTERNEHMENSKOMMUNIKATION

Dr. Matthias Ernst

Sie wollen Ihre Zielgruppen mit Content und Storytelling besser erreichen, wobei Ihnen Konsistenz und Glaubwürdigkeit am Herzen liegen? In diesem Kapitel erfahren Sie, wie eine Unternehmensstory die Grundlage dafür legt und wie Sie auf deren Basis angemessene und nachhaltig wirksame Kommunikationsmaßnahmen ableiten und umsetzen können.

© Der/die Autor(en), exklusiv lizenziert durch
Springer Fachmedien Wiesbaden GmbH, ein Teil von Springer Nature 2021
A. Tomfeah und H. Haug (Hrsg.), *Glaubwürdige Unternehmenskommunikation*,
https://doi.org/10.1007/978-3-658-34249-4_3

Kommunikationsfachkräfte verstehen schon lange, dass sich ihre Zielgruppen mit attraktivem Content und Storytelling besser ansprechen lassen als durch das Aufzählen von Produktfeatures oder Fakten über ein Unternehmen. Daran ist auch nichts auszusetzen, handelt es sich doch schlicht um den Einsatz des besten zur Verfügung stehenden Mittels. Problematisch wird die Lage, wenn durch wiederholte Widersprüche zwischen Claim und Wirklichkeit oder durch eine inkonsistente Kommunikationsstrategie beim Einsatz dieser Mittel ein Glaubwürdigkeitsproblem entsteht.

Wenn dies geschieht, steckt dahinter nicht zwangsweise eine boshafte Absicht. Viel öfter besteht der Grund in einem verkürzten Verständnis der Funktion von Content und Storytelling, das sich auf kurzfristige Erfolge beim Branding und bei der Erregung von Aufmerksamkeit beschränkt. Die Basis dafür ist in der Regel Marktforschung dazu, was die Zielgruppe hören will und wie man sie vermeintlich dazu kriegt, zuzuhören, oder die Wünsche der Geschäftsführung, eine bestimmte Wirkung auf die Zielgruppe auszuüben. Die Unternehmenskommunikation wird so zu einem Erfüller von Wünschen: den vermuteten Wünschen der Zielgruppe und den mit Autorität geäußerten Wünschen der Führung.

Für eine gewisse Zeit kann dieses Vorgehen funktionieren und tatsächlich die gewünschten Ergebnisse liefern. Zielgruppen lassen sich schließlich gerne durch das Versprechen auf Erfüllung ihrer Wünsche bezirzen. Wenn dabei aber immer wieder eine fehlende Übereinstimmung des Contents mit der Produkt- oder Unternehmenswirklichkeit zu Tage tritt, können die einzelnen kommunikativen Maßnahmen handwerklich noch so gut gemacht sein – das Image des Unternehmens nimmt dauerhaft Schaden. Auch ohne Skandale, die die Glaubwürdigkeit schädigen, entsteht mit der Fixierung auf kurzfristige Erfolge ein Problem: Content und andere Kommunikationsmaßnahmen laufen Gefahr, beliebig, austauschbar und inkonsistent zu werden. Ohne ein solides Fundament für die Ableitung einzelner, mit der Gesamtkommunikation konsistenter Kommunikate wird eine strategische Kommunikation unmöglich.

LANGFRISTIGE ANERKENNUNG STATT KURZFRISTIGE AUFMERKSAMKEIT

Wenn das Ziel der Content-Strategie nachhaltiger Erfolg – Erkennung und Anerkennung durch die Zielgruppe – sein soll, kommen Kommunikationsfachkräfte und Unternehmensführung nicht umhin, ihre kommunikativen Inhalte in ihren soziokulturellen Kontext einzubetten und eine entsprechende langfristige Strategie zu entwickeln. Denn: Unternehmen sind gesellschaftliche Akteure, die mit anderen gesellschaftlichen Akteuren – Kundenzielgruppen, Geschäftspartner, Zulieferer etc. – zwanglos interagieren. Nicht zuletzt dank der Online-Plattformen können all diese Gruppen ihren eigenen Content publizieren und damit das Bild des Unternehmens genauso beeinflussen, wie es das Unternehmen selbst versucht.

Um in diesem kommunikativen Wettstreit langfristig Glaubwürdigkeit und Überzeugungskraft zu bewahren, muss der Content (wie auch alle anderen Kommunikate) dem Gebot der Angemessenheit entsprechen. Besondere Relevanz haben dabei drei spezifische Aspekte:

– **Sachangemessenheit:** Das Kommunikat muss der Sache gegenüber angemessen sein, von der es handelt. Das bedeutet zum Beispiel: Wenn ein Unternehmenswert kommuniziert wird (Nachhaltigkeit, soziales Engagement o. ä.), sollte dieser im unternehmerischen Handeln regelmäßig erkennbar sein. Wenn ein Produktnutzen versprochen wird, sollte dieser erlebbar sein und einer Überprüfung standhalten.

– **Adressatenangemessenheit:** Ein Kommunikat an spezifische Zielgruppen muss deren kognitiven, sprachlichen und soziokulturellen Gegebenheiten angepasst sein.

– **Sprachangemessenheit:** Einzelne Kommunikate müssen in sich, aber auch in Bezug auf andere Kommunikate gleicher Urheberschaft, stilistisch und tonal konsistent sein. Abweichungen davon, etwa zu Gunsten der Adressatenangemessenheit oder zur Erreichung eines

Um im kommunikativen Wettstreit langfristig Glaubwürdigkeit und Überzeugungskraft zu bewahren, muss der Content dem Gebot der Angemessenheit entsprechen.

bestimmten Effekts, müssen als gezieltes Mittel erkennbar und rechtfertigbar sein.

DIE UNTERNEHMENSSTORY ALS IDENTITÄTS- UND WERTSTIFTENDES DIFFERENZIERUNGSMERKMAL

Es bietet sich an, ein Fundament für alle Content-Maßnahmen zu legen, das langfristig wesentliche Weichenstellungen und Vorgaben zur Erreichung von Angemessenheit auf Basis der organisatorischen Identität vorgibt – die Unternehmensstory.

Eine Unternehmensstory zu entwickeln, ist aus mehreren Gründen sinnvoll:

– Eine gemeinsame Story ist für den Menschen und den Zusammenhalt von Gemeinschaften von zentraler Bedeutung, denn sie schafft ein geteiltes Verständnis der gemeinsamen Werte, die soziale Zugehörigkeit und Verantwortbarkeit herstellen.

– In gesättigten Märkten ist die Story eines Unternehmens oder einer Organisation das wichtigste Differenzierungsmerkmal, denn wenn man sie abzieht, bleibt meist nur ein Eintrag im Handelsregister und Produkte bzw. Dienstleistungen, die in ähnlicher Form auch die Konkurrenz anbietet.

– Die Festlegung einer Unternehmensstory als Markenkern für die Kommunikation nach außen und als organisatorische Identität generell dient als Leitlinie für unternehmerisches Handeln, Kommunikation und Content-Produktion und sorgt generationsübergreifend für ein konsistentes Bild nach innen wie nach außen. Sie bringt die Identität des Unternehmens oder der Organisation auf den Punkt, verknüpft Tradition, Gegenwart und Vision und ist Ausgangs- und Bezugspunkt der gesamten Content-Strategie.

– Nicht zuletzt bietet sie einen etablierten Bezugspunkt für die Frage nach der sachlichen und sprachlichen

Angemessenheit des Contents sowie ein Bewusstsein über die Zielgruppen, die damit angesprochen werden sollen.

ZUR STORY MIT METHODE

Effektive, nachhaltig glaubwürdige Kommunikation via Content mit Storytelling benötigt also etwas Vorbereitung:

1. **Identitätsfindung**
   Jedes Unternehmen hat eine Identität, die aus der Historie, dem Sinn und den Werten abgeleitet ist und die es kommunizieren möchte. Diese gilt es, so trennscharf wie möglich zu definieren.

2. **Storymaking**
   Diese Identität wird geschärft und in eine Unternehmensstory verdichtet, die als Grundlage für die Kommunikation dient.

3. **Storymatching**
   Es muss eine Übereinstimmung darüber bestehen, welche Aspekte der Unternehmensgeschichte wem (Zielgruppen) wo (Berührungspunkte) erzählt werden.

4. **Storytelling**
   Auf Basis dessen lassen sich dann Themen aus der Unternehmensstory ableiten und in Formaten vermitteln, die dem Zielpublikum und dem Berührungspunkt entsprechen.

Schon der erste Schritt, die Identitätsfindung, stellt für viele Unternehmen offensichtlich eine Herausforderung dar. Auf die Eigenschaften, die ihr Unternehmen auszeichnen, angesprochen, geben sie oft die Antwort, sie seien „innovativ, partnerschaftlich, serviceorientiert und nachhaltig". Unabhängig davon, ob das der Wirklichkeit entspricht oder nicht, erschaffen solche Gemeinplätze kaum Positionierungspotenzial – unzählige andere Unternehmen sagen genau dasselbe über sich.

Um das Unternehmen trennscharf zu positionieren, gilt es daher, genau auf zentrale Aspekte seiner Identität zu blicken. In jahrelanger Erfahrung hat die Agentur Storymaker eine Methode entwickelt, die als Marke StoryStudio® registriert ist. Abweichend zu dem in der Werbung und im Branding vielfach verwendeten Markenrad legt die Story-Methode den Fokus nicht darauf, wie ein Unternehmen oder eine Organisation wahrgenommen werden wollen, sondern darauf, warum sie so und nicht anders sind und was sie tun müssen, damit die Fremdwahrnehmung mit diesem Eigenbild übereinstimmt. Die relevanten Aspekte des StoryStudio® sind:

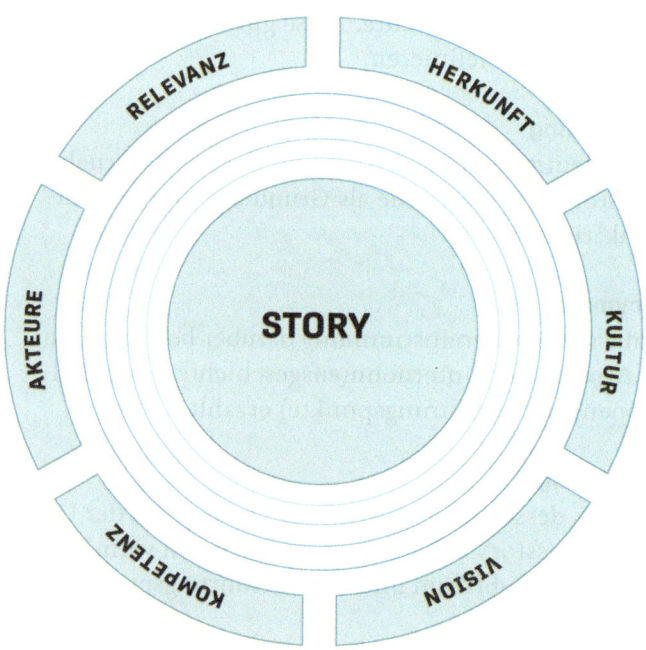

Herkunft

Der Herkunftsaspekt fragt danach, wann und wozu ein Unternehmen gegründet wurde und was sich seitdem verändert hat. Unternehmen werden immer mit einem Motiv gegründet (das „Wozu?"). Sie haben ein Ziel, das erreicht werden soll, und eine Idee, was man besser, schneller, größer oder kleiner machen kann. Von diesem ursprünglichen Zweck Ihres Unternehmens können Sie Werte ableiten, die im Verlauf der Unternehmensentwicklung eine Rolle gespielt haben und noch heute das Unternehmen prägen.

Statt Fakten brauchen Sie Handlungsmotive, über die Sie eine Identifikation mit und einen persönlichen Zugang zu der Geschichte des Unternehmens ermöglichen. Wann immer Veränderungen und Umbrüche stattgefunden haben, sollten Sie erklären, warum sich die Dinge in eine bestimmte Richtung verändert haben. Auch schwierige Zeiten und Konflikte kommen in der Herkunftsgeschichte oftmals zu kurz. Diese offen anzusprechen bietet jedoch wiederum die Gelegenheit, die eigenen Motive und Werte zu transportieren und eine glaubwürdige und authentische Kommunikation zu etablieren.

Vision

Die Vision des Unternehmens beschreibt die Zukunft. Wohin steuert das Unternehmen? Spannend ist es hier, zu versuchen, eine Verbindungslinie zwischen Gründungsgedanken und zukünftigem Geschäft zu ziehen. Dabei können Sie thematisieren, weshalb bestimmte Veränderungen notwendig sind oder wozu eine Fokussierung vollzogen wird. Beschreiben Sie auch die zwangsläufigen Zwischenstationen auf dem Weg, um Mitarbeitern und Stakeholdern eine Orientierung zu geben.

Neben einem Zeitplan ist eine Storyline wichtig, in der Sie erklären können, welche Überlegungen und Werte Sie zum Handeln bewegen, mit welchen Problemen Sie rechnen und wodurch Sie diese überwinden wollen.

Akteure

Wer sind die handelnden Personen in Ihrem Unternehmen, welchen Hintergrund und Antrieb haben diese? Diese Fragen stellen sich bei der Erarbeitung des Akteure-Aspekts. Es geht demnach um konkrete Personen, die das Gesicht des Unternehmens sind. Sie bieten eine Identifikationsfläche für Mitarbeiter, Investoren und Kunden. Ihre Beweggründe und ihr Handeln, auch persönliche Anekdoten, sind für Mitarbeiter, Kunden und Stakeholder gleichermaßen von Interesse.

Bei der Unternehmens-story geht es nicht darum, wie ein Unternehmen oder eine Organisation wahrgenommen werden wollen, sondern darum, warum sie so und nicht anders sind.

Das bietet die Gelegenheit, die Biografie der Akteure mit der Markenstory zu verknüpfen. Wer ist das, aber vor allem, aus welchen Gründen handelt er/sie auf eine bestimmte Weise? Dazu muss sich die Führungsebene nicht lückenlos durchleuchten lassen oder eine streng personenzentrierte Kommunikation wie ehemals bei Steve Jobs aufgebaut werden; schon wenige gute Inhalte können hier weit tragen, wie ein Interview in einer Firmenzeitschrift oder ein Video auf der Webseite, die eine professionelle Nähe zulassen.

Kultur

Die Unternehmenskultur findet sich in dem täglichen Miteinander in Ihrem Unternehmen wieder. Welche Werte und Ideale werden im Unternehmen gelebt, wie ist der Umgang miteinander, und handelt das Unternehmen in Übereinstimmung mit der Kultur? Eine zu große Diskrepanz zwischen kommunizierter und gelebter Kultur sorgt für Unzufriedenheit, Frustration und schadet der Marke, weil sie unglaubwürdig wirkt.

Eine zu große Diskrepanz zwischen kommunizierter und gelebter Kultur sorgt für Unzufriedenheit, Frustration und schadet der Marke, weil sie unglaubwürdig wirkt.

Dabei gibt es kein Patentrezept für eine „gute" Kultur. Dieser Aspekt Ihres Unternehmens ist so individuell wie Ihre Geschichte und speist sich stark aus der Herkunft und den Werten der Akteure. Wichtig ist, dass es in der Kultur einerseits eine gewisse Kontinuität gibt, dass man sich auf bestimmte Werte und Haltungen verlassen kann. Andererseits darf die Kultur nicht in der Vergangenheit verharren. Veränderungen können notwendig sein; ein Abgleich der ursprünglichen Kultur mit aktuellen Wertevorstellungen, Wünschen und Ansprüchen sollte jedoch reflektiert erfolgen, sodass bewusst ein Kurs eingeschlagen werden kann, der zu dem Unternehmen passt.

Kompetenz

Ihr Unternehmen hat eine Superpower. Sie ermöglichen es Ihren Kunden, ihre Ziele zu erreichen. Der Aspekt Kompetenz betrifft das gesamte Know-how, das in Ihrem Unternehmen vorhanden ist. Ihre Marke kann sich dadurch auszeichnen, dass sie einzigartig ist oder besonders schnell oder die meiste Erfahrung in Ihrer Branche hat. Sie wissen also, was Sie tun – interessanterweise ist dieser Markenaspekt jedoch besonders schwer zu vermitteln.

Zum einen ist Ihre Kompetenz Ihr Wettbewerbsvorteil, und Details darüber, was Sie wie machen, möchten Sie nicht mit jedem teilen. Zum anderen lassen sich manche Kompetenzen als implizites Wissen schwer einfangen. Und schließlich sind Ihre Kunden vielleicht gar keine Spezialisten in Ihrem Fachgebiet und können Ihre Kompetenz gar nicht beurteilen. Eventuell sind die Informationen, die Sie dazu liefern, also gar nicht verständlich. Was tun? Zeigen Sie exemplarisch direkt, was Sie können, gehen Sie aber vor allem auch indirekt vor, also über Beispiele. Sie können dokumentieren, welche Erfahrungen Kunden mit Ihnen gemacht haben. Welche Probleme haben Sie lösen können? Welche Testimonials sprechen für Ihre Kompetenz?

Relevanz

Stellen Sie sich vor, Ihr Unternehmen würde verschwinden. Welche Lücke würden Sie hinterlassen? Was würden Ihre Kunden, die Wirtschaft und die Gesellschaft im Ganzen vermissen? Die Relevanz Ihres Unternehmens basiert darauf, welche Bedürfnisse Sie bei anderen erfüllen. Dieser Aspekt unterscheidet sich von den Kompetenzen, da es nicht darum geht, was Sie können, sondern darum, was es bedeutet, dass Sie das können.

Sind Sie als Problemlöser in den Bereichen bekannt, die Ihrem Markenkern entsprechen? Denkt man an Sie, wenn ein bestimmtes Produkt oder ein Service benötigt wird? Bringen Sie sich ins Gespräch, knüpfen Sie Kontakte und zeigen Sie Interesse an anderen Playern in Ihrer Branche und an Ihren Kunden, um Themen frühzeitig zu erkennen und die Bedürfnisse decken zu können.

ZUM KERN VORSTOSSEN

Auch wenn angesichts dieser vielseitigen Aspekte eine große Menge an spezifischen Eigenschaften anfallen kann – die Unternehmensstory lässt sich immer in einem Satz – der Kernstory – zusammenfassen, der die Essenz – den

> Die Unternehmensstory lässt sich immer in einem Satz zusammenfassen, der die Essenz – den Sinn und die Daseinsberechtigung – des Unternehmens auf den Punkt bringt.

Eine erfolgreiche Content-Strategie ist abhängig von einem verantwortungsvollen Handeln des Unternehmens schlechthin und legt alles darauf an, dieses zu begünstigen.

Sinn und die Daseinsberechtigung – des Unternehmens auf den Punkt bringt. Diese Kernstory eines Unternehmens prägt idealerweise die gesamte Kommunikation und gibt ihr dadurch Konsistenz: von der Tonalität und Emotionalität, der Auswahl der Themenansätze, der Inhalte und der Storys, die erzählt werden, bis hin zu der Art und Weise, wie mit Bildern kommuniziert wird. In allem kommen die Kultur und die Moral des Unternehmens zum Ausdruck. Die Kernstory ist die formulierte Ethik des Unternehmens. Die Kernstory hat immer eine charakteristische Form – sie beschreibt, welche Leistung das Unternehmen erbringt, was diese Leistung für die Kunden bedeutet, und welches Ziel sie damit erreichen. Ein Beispiel dafür wäre:

Leistung:	Wir entwickeln Software für die virtuelle Zusammenarbeit,
Bedeutung:	die es Arbeitnehmern erleichtert,
Ziel:	ihre Arbeit kollaborativ, flexibel und kreativ zu gestalten.

In einer Langform können zusätzliche Werte und Besonderheiten festgehalten und weiter ausgeführt werden, z. B.: „Wir glauben, dass der freie Austausch von zielgruppenrelevanten Informationen und Diskussionen auf Augenhöhe zu den besten Arbeitsergebnissen führt. Daher ermöglichen wir das nicht nur unseren Kunden durch die Mittel unserer Software, sondern stellen entsprechende Arbeitsbedingungen auch für unsere Mitarbeiter sicher."

NICHT WORTE, SONDERN TATEN ZÄHLEN

Während die Unternehmensstory also einen Rahmen für konsistente Kommunikation über viele Generationen und Abteilungen hinweg liefert, soll noch einmal daran erinnert werden, dass hinter allen Worten, Storys und Berichten Taten erkennbar sein müssen, wie es die Forderung nach Sachangemessenheit zum Ausdruck bringt. Nicht zuletzt deshalb, weil Vorgaben auch jenseits derer des Gesetzgebers die Überprüfbarkeit von Behauptungen fordern, etwa in Form von CSR-Programmen, Audits und Branchenkodizes. Eine erfolgreiche Content-Strategie ist daher eine, die nicht nur handwerklich und strategisch gut gemacht ist. Sie ist darüber hinaus abhängig von einem verantwortungsvollen Handeln des Unternehmens schlechthin und legt alles darauf an, dieses zu begünstigen.

Das Verhältnis von Inhabern und Führungspersonen zu Kommunikatoren ist von zentraler Bedeutung für ein verantwortungsvolles Storytelling. Nur mit einer offenen, transparenten und aufrichtigen internen Kommunikation kann eine professionelle Unternehmenskommunikation nach innen wie nach außen erfolgen. Kommunikatoren müssen in ausreichendem Maß informiert sein und den Kontext von Entscheidungen verstehen, damit sie mit Storys Entscheidungen vermitteln und Hintergründe erklären können. Nur so gelingt glaubwürdige Kommunikation. Die aktive Teilnahme der Führung an der Kommunikation wird im Zuge der digitalisierten Kommunikation immer wichtiger. Kommunikation erfolgt heute nicht in Einbahnstraßen und lässt sich auch nicht auf definierte Zielgruppen beschränken. Kommunikatoren haben es mit vielen Stakeholdern zu tun, die Fragen stellen und Aufklärung wünschen und längst über den bekannten Kreis der Mitarbeiter, Kunden und Partner hinausreichen.

Die Verantwortlichen für die Unternehmensstrategie einerseits und für die strategische Unternehmenskommunikation mit PR und interner Kommunikation andererseits müssen darin übereinstimmen, was veröffentlicht werden kann. Es kann schwerfallen, die Balance zu finden, was im wirtschaftlichen Interesse des Unternehmens ist und was berechtigte Informationsinteressen sind. Eine Falschaussage kann taktisch klug sein oder eine Krise heraufbeschwören wie etwa im deutschen Abgasskandal. Geht sie auf Vorsatz oder Irrtum zurück? Der Wahrheit verpflichtet zu sein, ist ein hoher ethischer Anspruch – wobei Wahrheit hier bedeutet: Es ist von möglichst vielen Menschen aus vielen Perspektiven bestätigt.

Umso mehr lohnt es sich, die Unternehmensstory herauszuarbeiten und sich immer dann vor Augen zu führen, wenn es Unschlüssigkeit über ein Vorgehen

Kommunikatoren müssen in ausreichendem Maß informiert sein und den Kontext von Entscheidungen verstehen, damit sie mit den Storys Entscheidungen vermitteln und Hintergründe erklären können.

gibt – schließlich gibt sie nicht nur den Kommunikatoren, sondern auch den Entscheidern einen Kompass an die Hand, der zwischen den Polen der Unternehmensgeschichte in der Vergangenheit und der Vision für die Zukunft Klarheit über die Stoßrichtung vorgibt und eine verpflichtende Wirkung ausübt.

WORKSHOP

Im Workshop-Modul „**StoryStudio®**" erarbeiten wir interaktiv mit Ihnen Ihre Unternehmensstory, die die Originalität und den Wert Ihres Unternehmens spezifisch ausdrückt. Unsere Methode unterstützt Sie dabei, Storytelling strategisch und verantwortungsvoll einzusetzen, Ihre Zielgruppen besser zu verstehen und zu erreichen, Content passend zu Format, Zeitpunkt und Touchpoint zu produzieren und ein storybasiertes Themenuniversum zu entwickeln – sei es für integrierte Kommunikation, Content-Management, Marketingkommunikation oder klassische PR.

LEKTÜRETIPPS

- Campbell, Joseph:
  Der Heros in tausend Gestalten.
  Insel Taschenbuch, 1998

- Keane, Christopher:
  Schritt für Schritt zum erfolgreichen Drehbuch.
  Autorenhaus, 2013

- Loebbert, Michael:
  Storymanagement: Der narrative Ansatz für Management und Beratung.
  Klett-Cotta, 2008

- McKee, Robert:
  Story: Substance, Structure, Style and the Principles of Screenwriting.
  Methuen, 1999

- Rosling, Hans; Rosling Rönnlund, Anna; Rosling, Ola:
  Factfulness.
  Ullstein, 2018

- Dürig, Uta-Micaela (Herausgeber), Bühler, Heike (Herausgeber):
  Tradition kommunizieren: Das Handbuch der Heritage Communication.
  Wie Unternehmen ihre Wurzeln und Werte professionell vermitteln.
  Frankfurter Allgemeine Buch, 2008

RESPON-SIBLE DESIGN

WIE KANN DESIGN VERANTWORTUNGSVOLL SEIN?

Wolfram Schäffer

Design ist bewiesenermaßen ein Erfolgsfaktor für Unternehmen und wird zunehmend als ernsthafter Wettbewerbsvorteil verstanden. Mit Responsible Design erhält Design nun eine weitere Dimension, die diesen Effekt verstärken wird. So kann es eine wertebasierte Markenidentität über das eigentliche Marketing hinaus entstehen lassen. Doch zunächst müssen Grundlagen geklärt werden: Was ist Responsible Design? Wie kann ein*e Kommunikationsdesigner*in es umsetzen? Wie findet die Implementierung im Unternehmen statt? Und welche weiteren Vorteile ergeben sich für eine Marke?

© Der/die Autor(en), exklusiv lizenziert durch
Springer Fachmedien Wiesbaden GmbH, ein Teil von Springer Nature 2021
A. Tomfeah und H. Haug (Hrsg.), *Glaubwürdige Unternehmenskommunikation*,
https://doi.org/10.1007/978-3-658-34249-4_4

Ein*e Kommunikationsdesigner*in versucht mit seiner/ihrer Arbeit die Welt positiv zu gestalten. Er/sie arbeitet direkt oder indirekt an den großen Themen unserer Zeit. Viele dieser Themen wie Nachhaltigkeit, Diversität, Chancengleichheit, Digitalisierung, Bildung oder Globalisierung werden durch seine/ihre persönliche Arbeit in Kommunikation gewandelt. Das geschieht mal offensichtlich, wie bei einem Nachhaltigkeitsbericht für einen Konzern, oder etwas subtiler in der Konzeption einer Modekampagne.

Der Designwirtschaft ist in ihrer Mehrheit bewusst, welche Verantwortung sie trägt und welche Effekte ihre Designs haben können. Dennoch ist die Bewertung, wie ein*e Kommunikationsdesigner*in verantwortungsvoll arbeiten kann, bisher nur auf einer subjektiven Ebene möglich, da kein allgemeines Verständnis vorherrscht. In den letzten Jahren taucht vermehrt der Begriff Responsible Design in diesem Diskurs auf. Es ist allerdings ein Begriff aus der Nische, der noch nicht im Mainstream der Designmedien diskutiert wird. Die Panels der großen Veranstaltungen bestimmen noch immer andere Themen.

WARUM IST VERANTWORTUNGSVOLLES DESIGN NOTWENDIG?

Die heutige Kommunikation ist eine visuelle Kommunikation. Die Bedeutungen des Bildes und des Designs haben eine herausragende Stellung eingenommen. Sie sind die ersten Vermittler von Botschaften und Informationen geworden, das Wort kommt erst an zweiter Stelle. Diese Wandlung bezeichnet man als Visual Turn. Sie zeigt sich in der Form, wie wir kommunizieren. So nutzen wir beispielsweise Memes und Emojis statt Worte, um uns zu verständigen. Dieser visuelle Wandel (Visual Turn) hält nicht nur im Privaten Einzug, sondern wird auch in der Markenkommunikation immer wichtiger. Die Bildwelt und das Design einer Marke sind zentraler denn je für den Dialog mit den Zielgruppen. Doch bisher unterliegen sie meist einem Corporate Design, das rein auf Ästhetik abzielt. Die ethische Dimension von Design bedarf aber einer genaueren Betrachtung. Sehen wir uns einige Anwendungsbeispiele

Das Wort kommt erst an zweiter Stelle.

an, bei denen eine ethische Bewertung von Design hilfreich ist:

Beeinflussung

Design leitet, führt, weckt Emotionen und schafft Erfahrungen. Unter neurowissenschaftlichen Erkenntnissen werden Magazine, Messen, Social Media, Websites, Apps und vieles mehr designt. Dabei nutzen wir Designer*innen das natürliche Verhalten und die Wünsche des Menschen für unsere Zwecke und die unserer Auftraggeber*innen. Das ist ein gegenseitiges Spiel, denn niemand zwingt den/die Leser*in, Besucher*in oder Nutzer*in, unsere Medien anzuwenden. Er/sie entscheidet frei, damit zu interagieren. Und wir dürfen davon ausgehen, dass es sich um einen medienkritischen Menschen handelt, der damit umzugehen weiß.

Eine Produktbroschüre will nicht nur informieren, sie will auch verkaufen. Der/die Leser*in weiß das. Dennoch müssen wir uns den „manipulativen Charakter" unserer Designs immer vor Augen führen. Zum Beispiel Modezeitschriften: Sie sind an eine erwachsene Zielgruppe gerichtet, erreichen aber auch Kinder und Teenager. Das vermittelte Schönheitsideal stellt eine Beeinflussung dar.[1]

Im Digitalen werden verstärkt die Dark Patterns kritisiert, Designs, die den/die Anwender*in „zwingen", etwas gegen den Willen zu tun, beispielsweise beim Treffen der Cookie-Auswahl auf Websites.

Politische Aspekte

Ein guter Indikator für Kommunikation, bei der verantwortungsvolles Design nicht berücksichtigt wurde, ist ein Shitstorm. Oft verbirgt sich hinter der Schmähkritik fehlende Empathie für das bestimmte Thema, die dann zu einem Sturm der Entrüstung führt. Der Imageschaden und der Vertrauensverlust für eine Marke können immens sein. Wie vor einiger Zeit bei einem führenden deutschen Autobauer, der einen offensichtlich rassistischen Werbeclip produzieren ließ und online veröffentlichte. Ob der Rassismus den ausführenden Designern*innen und Marketern bewusst war, kann von außen nicht bewertet werden. Es kann aber festgestellt werden, dass Bewertungskriterien fehlten oder zumindest versagt haben. Für die Marke ein Fiasko. Für die Betroffenen eine Demütigung.[2]

Suchtwirkung

Auch im UI/UX-Design werden Funktionen designt, die uns stark

---

[1] https://medium.com/designstudies1/design-manipulation-and-ethics-b4da916fe555 (letzter Zugriff: 15.02.2021)

[2] https://www.handelsblatt.com/unternehmen/industrie/interne-pruefung-rassistischer-werbespot-wird- zum-thema-im-vw-vorstand/25891486.html?ticket=ST-495070-LnTDFt6ODHVqmZNilFI1-ap2 (letzter Zugriff: 15.02.2021)

beeinflussen. Beispielsweise das Infinite Scrolling, ein Vorgang, bei dem immer neue Inhalte geladen werden und der/die Nutzer*in unendlich in den Content eintauchen kann. Das hat eine starke Sog- und Suchtwirkung, wie auch das direkte Feedback für eigene Beiträge durch Likes. Diese Designs tragen zu einem Großteil zu unserer Smartphone-Sucht bei. [3]

Bei einem Designprozess geht es darum, die Dinge im Kern zu verstehen und sich ihnen neugierig zu nähern.

Verschwendung

Der sogenannte Content-Overkill ist die Überflutung mit inhaltsleeren Marketingmaßnahmen. Unsere Social-Media-Streams und Mailprogramme laufen über vor Unwichtigem und Unpassendem. Mit der Digitalisierung nimmt dieser Prozess immer mehr zu, da Content immer günstiger zu distribuieren wird. Aber auch zu analogen Zeiten war schon zu beobachten, wie sich unsere Briefkästen immer mehr füllten. Dieser Content-Overkill ist eine Verschwendung von Zeit und Ressourcen, nicht nur der Rezipienten*innen, sondern auch der Ersteller*innen und unserer Umwelt.

IMPLEMENTIERUNG VON RESPONSIBLE DESIGN IN DEN KOMMUNIKATIONSPROZESS

Bei einem Designprozess geht es darum, die Dinge im Kern zu verstehen und sich ihnen neugierig zu nähern. Dabei sind gesellschaftliche Transformationsprozesse, technologische Weiterentwicklungen, Marktentwicklungen, Ressourcenverbrauch und Produktionsprozesse genauso entscheidend wie das adäquate zum Ausdruck bringen von Inhalten und Botschaften. Ein*e Designer*in handelt jedoch nicht autonom, er/sie ist eingebettet in einen Prozess mit mehreren Akteuren*innen. Die Umsetzung von Responsible Design muss daher von allen Beteiligten gelebt werden. Zum einen muss daher auf operativer Ebene für Einzelakteure*innen eine Umgebung geschaffen werden, in der sie nach den Maßstäben von Responsible Design arbeiten können. Zum anderen muss Responsible Design auch in die strategische Kommunikationsplanung eingebunden

---

[3] Quelle: https://www.heise.de/ct/artikel/Die-Psycho-Tricks-der-App-Entwickler-4547123.html?seite=all (letzter Zugriff: 15.02.2021)

werden. Hierfür müssen Unternehmen ihre Strukturen anpassen und neue Arbeitsweisen lernen.

OPERATIVES RESPONSIBLE DESIGN

Wie kann ein*e Kommunikationsdesigner*in Responsible Design nach bewertbaren Kriterien anwenden? Diese Frage ist wohl eine der essenziellsten für dieses Thema. In den Hochschulen und auf anderen Ausbildungswegen ist das Responsible Design nicht fest im Lehrplan verankert, wenn es denn überhaupt thematisiert wird. Auch Designverbände liefern keine Leitfäden oder Berufkodizes. Ein Blick auf artverwandte Verbände, wie den Deutschen Werberat oder den Deutschen Rat für Public Relations, kann hilfreich sein, allerdings nur in Teilen. Eine Festlegung auf definierte Regeln für Responsible Design scheint auch nicht zielführend zu sein, ist doch das Verständnis von Verantwortung im gesellschaftlichen Kontext immer im Wandel. Des Weiteren ist eine Designarbeit meist eine Serviceleistung an eine/n Auftraggeber*in. Der/die Auftraggeber*in, meist ein Unternehmen, unterliegt eigenen Compliance-Regelungen. Eine Festlegung von flexibleren Prinzipien oder eines Leitfragenkatalogs könnten dem/der Designer*in daher hilfreicher sein. Diese Prinzipien/Fragen sollen nicht als Einschränkung der Arbeit oder nur als Verhinderer von unverantwortlicher Kommunikation verstanden werden. Sie sollen dazu dienen, die Erkenntnis zu gewinnen, dass Responsible Design auch ein Inkubator für Innovation sein kann – und letztendlich auch ein Wettbewerbsfaktor.

> Responsible Design kann ein Inkubator für Innovation sein – und letztendlich auch ein Wettbewerbsfaktor.

Vorschläge:

Relevanz:	Ist meine Botschaft und Information mitteilenswert?
Inklusion:	Ist mein Design allgemein zugänglich und verständlich?
Intention:	Ist meinem/meiner Rezipienten*in bewusst, was ich von ihm/ihr möchte?
Empathie:	Ist mein Design verletzend?
Nachhaltigkeit:	Ist mein Design langlebig und umweltfreundlich?

…

Neben der Bewertbarkeit von Responsible Design muss auch das passende Arbeitsfeld für den/die Designer*in bereitgestellt werden. Die Aufgabe eines/einer

Kommunikationsdesigners*in ist es, die Beziehung zwischen dem/der Rezipienten*in und dem Visuellen zu entwickeln. Bevor er/sie weiß, wie das Bildmaterial aussehen wird, überlegt sich ein*e Kommunikationsdesigner*in, welche Botschaft er/sie vermitteln will und wie er/sie den/die Rezipienten*in strategisch einbinden kann. Damit zeigt sich, dass der/die Designer*in nicht am Ende der „Produktion" von Kommunikation steht, sondern sie über den gesamten Entstehungsprozess begleitet und gestaltet. Problematisch ist daher das unreflektierte Übertragen von Methoden und Arbeitsweisen aus anderen Berufen auf Designprozesse.

Ein Beispiel ist hier die SCRUM-Methode. Sie ist ein Produktmanagementmodell zur agilen Softwareentwicklung. Der Wunsch von Marketingabteilungen in Unternehmen nach schlanker Produktion von Kommunikation aus Budgetknappheit oder nach Content-Massenproduktion ist hier oft der treibende Faktor für den Einsatz von SCRUM. Weil das SCRUM-Vorgehen nicht genau auf die Designarbeit übertragbar ist und zudem häufig nicht korrekt angewandt wird, sehen sich Designer*innen in ihrer Arbeit eingegrenzt und können diese nicht vollständig ausführen. So bleibt vielmals das Zu-Ende-Denken auf der Strecke und unsere Prinzipien können nicht angewandt werden. Bei einer Software mag das einen Bug verursachen, der mit einem Update schnell behoben werden kann. Bei einer Marke bedeutet ein solcher Fehler einen Vertrauensverlust. Für eine Marke, die ja eigentlich Vertrauen aufbauen soll, bedeutet das mitunter einen Schaden von mehreren Jahren Arbeit. Eine Fail-Fast-and-Move-on-Mentalität ist bei verantwortungsvoller Markenarbeit überhaupt nicht hilfreich. Ein*e Designer*in muss schon frühzeitig im Prozess ansetzen, um verantwortungsvolles Design zu erzeugen und nachhaltig Vertrauen für eine Marke aufzubauen.

STRATEGISCHES RESPONSIBLE DESIGN

Das strategische Responsible Design beschreibt das Schaffen von Strukturen für eine verantwortungsvolle Kommunikation. Welche grundlegenden Arbeitsweisen und Prozesse müssen geschaffen und welche Stakeholder eingebunden

Eine Fail-Fast-and-Move-on-Mentalität ist bei verantwortungsvoller Markenarbeit überhaupt nicht hilfreich.

Das strategische Responsible Design beschreibt das Schaffen von Strukturen für eine verantwortungsvolle Kommunikation.

werden? In Unternehmen geht es vorerst einmal um das Abschaffen von Silodenken. Traditionell ist das Arbeiten mit Design hauptsächlich in der Marketingabteilung verankert. Sie arbeitet mit Agenturen zusammen und beschäftigt sich intensiv mit dem eigenen Markenauftritt. Doch Markenarbeit umfasst heute viel mehr als nur die Entwicklung von Corporate Design, Werbekampagnen und Imagefilmen. Markenarbeit tritt heutzutage an viel mehr Stellen im Unternehmen auf, als man denkt. Hier nur einige Beispiele unter vielen:

— Das Employer Branding ist hier ein offensichtliches Beispiel. Mittlerweile arbeiten HR und Marketing eng zusammen, um auf dem schwierigen Feld der Mitarbeiterrekrutierung und -bindung beste Ergebnisse zu liefern.

— Ein weiteres Feld ergibt sich aus der Digitalisierung und der Plattformökonomie. Digitale Produkte und Lösungen werden immer wichtiger und dringen aus allen Unternehmen auf den Markt. Das UX/UI-Design wird dabei zum Markenfaktor. Es endet nicht bei der Gestaltung eines Produktes, sondern ist der immer wiederkehrende Kontaktpunkt zum/zur Kund*in, der/die es anwendet. Hier steckt enormes Potenzial, das gerade im Mittelstand noch nicht ausreichend genutzt wird.

— Auch das Facility Management sollte mit Design arbeiten, denn auch das Gebäude eines Unternehmens leistet Markenarbeit. Die Gestaltung des Gebäudes wird allerdings meist gesondert vom Corporate Design durch einen/eine Architekten*in/Innenarchitekten*in durchgeführt.

— Ebenfalls eine wichtige Abteilung ist der Vertrieb. Der Vertrieb ist im ständigen Austausch mit dem/der Kunden*in und sammelt viele Erfahrungswerte. Dennoch ist er selten in Kommunikationsdesignprozesse eingebunden, was verschenktes Potenzial für das Unternehmen ist.

Wir sehen, dass Design und Marke viel umfangreicher im Unternehmen gewinnbringend eingesetzt werden können. Dennoch wird es von Abteilung zu Abteilung im Konzern

Ziel für ein Unternehmen muss es sein, Silodenken und -arbeitsweise abzuschaffen. Responsible Design muss als gemeinsame Aufgabe verstanden werden.

anders gehandhabt. Ziel für ein Unternehmen muss es sein, dieses Denken und diese Arbeitsweise abzuschaffen. Responsible Design muss als gemeinsame Aufgabe verstanden werden. Doch wie können die Abteilungen besser zusammenarbeiten, ohne dass der ohnehin schon große Verwaltungs- und Abstimmungsaufwand in Unternehmen steigt? Eine mögliche Option ist die Schaffung eines Gremiums mit Mitwirkungsrecht, eine Art Aufsichtsrat für das Responsible Design des Unternehmens. Diesem Responsible-Design-Gremium unterliegt die Kontrollaufgabe, es ist der Hüter von verantwortungsvollem Design. Es darf sich aber nicht als ein Designwächter verstehen, der Farbwerte korrigiert oder Logoplatzierungen überprüft. Es bewertet den inhaltlichen Aspekt nach den gemeinsam erarbeiteten Prinzipien. Das Gremium sollte aus unterschiedlichen Personen bestehen, so sollten neben Marketing, interner Kommunikation, HR und Vertrieb auch Vertreter*innen aus CSR, Produktmanagement oder anderen Abteilungen beteiligt werden. Auch die häufig schon neu geschaffene Stelle des Chief Diversity Officers ist prädestiniert für ein derartiges Gremium. Zu beachten gilt es auch, Vertreter*innen aus anderen Märkten einzubinden, entweder ständig oder situativ. Zum Einsatz kommt dieses Gremium bei grundsätzlichen Arbeiten am Design des Unternehmens, also beispielsweise bei Markenauftritten, Neubauten/Renovierungen, Großveranstaltungen, Nachhaltigkeitsberichten. Um den ganzen Prozess weiter zu erleichtern, ist auch die Erstellung eines Content Design Manuals hilfreich.

DAS CONTENT DESIGN MANUAL

Das Content Design Manual ist in Abgrenzung zum Corporate Design Manual keine Anleitung zur Gestaltung von Medien. Es beschäftigt sich vielmehr mit der Ableitung von Inhalten aus der Corporate Communication Strategy. Es übersetzt eine – meist noch abstrakte – Strategie in grundlegende visuelle Botschaften, Aussagen und Designs für die Kommunikation eines Unternehmens. Hier werden Inhalte geschaffen, die von allen im Unternehmen genutzt werden können. Dieses Content Design Manual kann im Zuge eines Marken-Relaunches, aber auch unabhängig

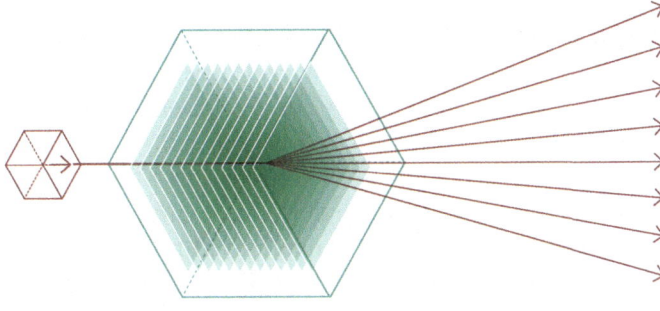

davon erstellt werden. Es kann für das gesamte Unternehmen oder für ein bestimmtes Thema angewandt werden. Ihm liegt ein kreativer Prozess zugrunde, in dem langlebiger Content nach redaktionellen Standards für eine möglichst große Vielfalt an Content-Arten erzeugt wird. Dieser Prozess ist angelehnt an die Atomic-Design-Lehre. Hier wird im UX-Design ein Baukasten erstellt, mit dem alle digitalen Medien bedient werden. Der Gedanke ist, vom Kleinen ins Große zu designen. Das bedeutet, man gestaltet kleine Elemente wie Buttons (Atome), fügt dann mehrere Elemente zusammen zu Templates (Moleküle).

Das Content-Design-Manual übersetzt eine Strategie in grundlegende visuelle Botschaften, Aussagen und Designs für die Kommunikation eines Unternehmens.

Dies bedeutet übertragen auf Markeninhalte, dass man zu Themen und Botschaften kleine Content-Elemente schafft, die dann wiederum für Medien zusammengesetzt werden können. Das Content Design Manual wird zu einer Art Asset-Katalog für das Unternehmen. Zu beachten gilt es, die unterschiedlichen Content-Bedürfnisse des Unternehmens zu berücksichtigen (Kanäle und Medien). Auch das klassische Zielgruppendenken muss zu Beginn abgelegt werden, eine Erweiterung der Stakeholder-Betrachtung auf die gesamte Gesellschaft ist nötig. Und natürlich ist für diesen Prozess das Anwenden von Responsible Design essenziell, denn damit entsteht ein Nukleus für die Markenkommunikation auf allen Ebenen. Der Vorteil dieses Vorgehens ist ein gebündelter Content-Produktionsprozess. Es entsteht Content, der begründbar ist und Orientierung für weitere Projekte bietet. Außerdem lässt sich der Content in seiner Ausspielung einfach skalieren und die Online- und

Offline-Kommunikation wird zu einer integrierten Kommunikation über alle Kanäle hinweg.

WIE PROFITIEREN UNTERNEHMEN VON RESPONSIBLE DESIGN?

Responsible Design bietet für Marken und Unternehmen enormes Potenzial. Eine veränderte Stakeholder-Betrachtung führt zu einer umfassenderen Kommunikation und bietet neue Wege, innovativ zu kommunizieren. Auch in der heutigen Purpose-bestimmten Kommunikation ermöglicht Responsible Design die Leitlinien für ernsthafte Auseinandersetzung mit gesellschaftlichen Themen – denn Haltung zeigen geht erst, wenn man Haltung entwickelt hat. Dies wird sich auch positiv auf die Unternehmenskultur auswirken. Durch Responsible Design wird eine visuelle Kultur entstehen, die den Mitarbeitern*innen, Partnern*innen und Kunden*innen viel nahbarer ist. Sie werden emotional und nachvollziehbar mit der Marke in Verbindung treten und interagieren. Auch in der Glaubwürdigkeit des Unternehmens werden große Fortschritte erzielt, denn der bewusste Umgang mit Verantwortung wird auf allen Ebenen spürbar sein.

WORKSHOP

RESPONSIBLE DESIGN: Dieses Workshop-Modul richtet sich an alle, die mit Design in Berührung kommen, insbesondere auch an Kommunikatoren*innen (Marketing, PR, Vertrieb, Eventmanagement etc.), die keine Designer*in sind. Der Workshop beinhaltet die grundlegende Herangehensweise an Responsible Design. Wie lassen sich Kriterien entwickeln? Wie gelingt der Perspektivwechsel? Wie lässt sich dieser in Zeiten der visuellen Kommunikation umsetzen?

LEKTÜRETIPPS

- Bowles, Cennydd:
  Future Ethics.
  NowNext Press, 2018.
- Kuang, Cliff & Fabricant, Robert:
  User Friendly:
  How the Hidden Rules
  of Design are Changing
  the Way We Live.
  Work & Play, 2020.
- Papanek, Victor:
  Design for the Real World:
  Human Ecology and Social Change.
  Thames & Hudson, 2019.
- Peters, Tom:
  Design!
  DK, 2005.
- Sammer, Petra:
  Visuelles Erzählen in PR & Marketing.
  O'Reilly, 2015.

360° IM BLICK

ÜBER VERANTWORTUNGSVOLLE KRISEN- UND STAKEHOLDER-KOMMUNIKATION

Anna Tomfeah

Sie wollen Ihre Unternehmenskommunikation fit machen für den verantwortungsvollen Umgang mit Krisen? Hier erfahren Sie, wie Sie mit dem 360°-Blick unter Berücksichtigung aller Zielgruppen – von den eigenen Mitarbeiter:innen über Kund:innen und Anleger:innen, bis hin zur gesellschaftlichen Öffentlichkeit und den Medien – einen souveränen und zukunftsfähigen Umgang mit Krisen lernen können.

Unternehmen sind Organisationen, in denen Menschen mit Menschen zusammenarbeiten, um für andere Menschen Dienstleistungen, Produkte oder Lösungen anbieten zu können. Mit dieser H3O-Formel („Humans with Humans for Humans in need of Organization"[1]) kann jede Unternehmung auf ihren gesellschaftlichen Nutzen zurückgeführt werden.

Sie verdeutlicht gleichzeitig das Krisenpotenzial jeder Unternehmung: Denn Menschen und ihre Ideen sind fehlbar, Zusammenarbeit verläuft nicht immer konfliktfrei und Vertrauen kann schwer enttäuscht werden. Wo immer also heutzutage das Image nicht der Firmenrealität entspricht, eine Verschuldung vertuscht oder gegen Richtlinien verstoßen wurde, wo kritische Meinungen unterdrückt oder entlassen werden, lauert bereits der Ernstfall für jede Firma: Die hausgemachte Unternehmenskrise. Sie betrifft im Kern alle Anspruchsgruppen (Vorstände, Führungskräfte, Mitarbeiter:innen, Aktionär:innen, Kund:innen, Lieferant:innen) des Unternehmens, stellt aber wegen des drohenden Reputations- und Vertrauensverlustes besonders Kommunikationsverantwortliche vor enorme Herausforderungen.[2] Es ist also in Ihrem Sinne, wenn sie überhaupt nicht erst eintritt. Und dafür können Sie sorgen.

DIE KRISE IST JETZT!

Kommunikationsverantwortliche befinden sich heutzutage nahezu immer im potenziellen Krisenmodus. Der Zeit- und Konkurrenzdruck ist hoch, die vielen Kommunikationskanäle sind kaum noch zu verwalten, die Sachverhalte und Gemengelagen komplex. Und was kann nicht alles passieren? Der/die Praktikant:in gibt über den Firmen-Account auf Twitter eine peinliche Fehlauskunft,

---

[1] Glauner, Friedrich: Das zukunftsfähige Unternehmen. Wettbewerbsvorteile durch Wertschöpfungsvernetzung. Springer 2018, S. 41.

[2] Es gibt auch zahlreiche externe Gründe für eine Unternehmenskrise, beispielsweise eine schlechte Konjunktur, eine globale Pandemie oder sich plötzlich ändernde politische Rahmenbedingungen. Auch sie haben Auswirkungen auf das Unternehmen und alle Stakeholder. Ihre Vermeidung bzw. Bewältigung liegt jedoch selten in den Händen von Kommunikationsverantwortlichen, weswegen sie in diesem Kapitel nicht weiter behandelt werden.

All Press is Good Press? Nein. Mindestens 90 % aller Unternehmen müssen mit nachhaltigen Reputationsschäden und materiellen Einbußen rechnen.

die Angestellten aus der Produktion beklagen intern immer nachdrücklicher ihre Arbeitsbelastungen, die teure Kampagne, mit der man extra eine Agentur beauftragt hat, wird in den YouTube-Kommentaren von User:innen verrissen. Die Möglichkeiten für hausgemachte Krisen sind mannigfaltig. Hinzu kommt, dass nicht selten die Auslöser für Krisen außerhalb des Einflussbereichs eines Unternehmens liegen: eine schwächelnde Konjunktur, eine Gesetzesänderung, ein erhebliches Maß an Desinformation und Erregungspotenzial im Netz. „All News Is Good News" gilt längst nicht mehr, wenn Firmenvertrauen, Mitarbeiter:innenzufriedenheit und Absätze nachhaltig gesichert sein wollen. Klar, nicht aus jeder potenziellen Krise wird auch ein akuter Skandal. Doch schon latente Krisen bergen bereits erhebliche Risiken für Reputationsschäden (z. B. durch Mundpropaganda, Whistleblowing oder schlechte Kund:innenbewertungen) sowie Konfliktkosten (z. B. durch Mitarbeiter:innenfluktuation, finanzielle Ansprüche von Betroffenen oder Rechtsstreits). Und Sie wissen genau: In den wenigsten Fällen stimmt die Außenkommunikation mit der internen Organisationsrealität überein. Der erste Schritt zu verantwortungsvoller Krisenkommunikation ist also die Annahme, dass sich solche Unstimmigkeiten auch in Ihrem Unternehmen finden lassen. In einem zweiten Schritt erkennen Sie, dass Sie sich damit – zumindest potenziell – in einer hausgemachten Krise befinden. Und

Phasen der Unternehmenskrise	
Potenzielle Krisenphase	Identifizierung möglicher Krisenherde und Implementierung von Früherkennungsmethoden (s. Kapitel zu Ethical Rating)
Latente Krisenphase	Maßnahmen zur Vermeidung der jeweiligen Krise und zur Vorbereitung für die akute Krise (z. B. durch Krisenprotokolle und vorbereitete Dark Sites)
Akute Krisenphase	Krisenbewältigung durch Informationspolitik (z. B. durch Dialog mit Anspruchsgruppen und der Öffentlichkeit)
Nach-Krisenphase	Aufarbeitung der Krise und Kommunikation der Erkenntnisse und Veränderungen an die Anspruchsgruppen

Unternehmen benötigen eine vitale Dialog- und Fehlerkultur, um ethische Herausforderungen und Missmanagement früh zu erkennen.

in einem dritten Schritt werden Sie durch verantwortungsvolle Krisen- und Stakeholderkommunikation konstruktiv handlungsfähig.

360° IM BLICK: VERANTWORTUNGSVOLLE STAKEHOLDERKOMMUNIKATION HEUTE

Schon die potenzielle Krise will ernst genommen werden. Daher ist es für Kommunikator:innen ratsam, ein solides Frühwarnsystem zu etablieren. Dies hilft dabei, zu prüfen, ob sich die Außendarstellung mit der Firmenrealität deckt, bzw. dabei, ethische Probleme zu beheben, die sich schlecht kommunizieren ließen. Unternehmen benötigen eine lebhafte Dialog- und Fehlerkultur, um ethische Herausforderungen und Missmanagement rechtzeitig zu erkennen. Mithilfe einer Unternehmenskommunikation, die Innen- und Außendarstellungen mit Innen- und Außenwahrnehmungen strategisch vernetzt, kann durch die Kontaktpflege zu allen Ziel- und Anspruchsgruppen eine solche Kultur im gesamten Unternehmen gefördert werden. Ergänzt durch Sensibilisierungstrainings und regelmäßige Meinungserhebungen sowie durch spezielle Workshop-Formate kann aus einem krisengefährdeten Unternehmen ein krisensouveränes Unternehmen werden.

Sorgen Sie für Transparenz, Lernprozesse und Dialog.

Für den Rundum-Blick empfiehlt sich regelmäßige Kontaktaufnahme und Recherche sowie intensive Auseinandersetzung mit dem gesamten Meinungsspektrum: Stimmt die Außendarstellung mit der Firmenrealität überein? Wie blicken Fachjournalist:innen auf das Unternehmen, das Geschäftsmodell, die Branche? Wie Kund:innen und Mitarbeiter:innen? Welche Kritik ist berechtigt und wie kann diese konstruktiv in die Geschäftspraxis aufgenommen werden? Sind die Geschäftspraktiken gesellschaftlich verantwortbar?

Besonders in digitalen Zeiten kann Ihnen ein umfassendes Issue-Monitoring dabei helfen, mögliche Brandherde zu identifizieren, Lern- und Optimierungsprozesse anzustoßen, auf Reputationskrisen besser vorbereitet zu sein oder diese gar zu vermeiden. Dazu schlage ich für

Kommunikationsverantwortliche folgendes 360°-Issue-Monitoring vor, das eine ganzheitlich vernetzte Innen- und Außenkommunikation durch aktive Krisenfrüherkennung ermöglicht.

GUTE SEELEUTE ERKENNT MAN IM STURM

Wenn Sie nicht verhindern konnten, dass ein/e ehemalige/r Mitarbeiter:in gravierende Produktionsmängel preisgibt, eine ganze Abteilung in wochenlangen Streik tritt oder Ihr/e Geschäftsführer:in vor laufender Kamera verbal entgleist, dann kann das Unternehmen schnell in die akute Krisenphase eintreten.

Die vorsichtig gewählte, erwartbare Floskel bringt Sie jetzt nicht weiter, auch wenn Sie den Brandherd gern frühestmöglich ersticken und weit weg von sich wissen mögen. Sie wirkt eher brandbeschleunigend und unglaubwürdig auf eine floskelerprobte und kritische gesellschaftliche Öffentlichkeit. Dazu zählen auch Ihre Kolleg:innen. Signalisieren Sie schnell allen Ziel- und Anspruchsgruppen, dass Sie Anschuldigungen auf den Grund gehen werden, und tun Sie dies umfassend. Sie können die Kritikpunkte bereits jetzt sachkundig ausräumen? Wunderbar. Können Sie das (noch) nicht, dann kommunizieren Sie, dass Sie das (aktuell) nicht können. In jedem Fall: Weichen Sie nicht aus, beschwichtigen und beschönigen Sie nicht, wenn Sie mit Ihrer Kommunikationsposition verantwortungsvoll

umgehen wollen. Und lassen Sie auch sonst niemanden mit der Öffentlichkeit kommunizieren, der zu solchem Sprechverhalten neigt. Sorgen Sie stattdessen (ggf. mithilfe von Rechtsbeistand) für Transparenz, Lernprozesse und Dialog. Hilfreich hierbei ist das Modell auf Seite 52.

Auch die Wahl der Instrumente und der Sprecher:innen, die Gesprächshaltung sowie die Wortwahl sind entscheidend, wenn Sie in den Dialog mit den Anspruchsgruppen treten. Wenn es brennt, verkünden Sie dann von der Feuerwehrleiter herab (z. B. durch ein veröffentlichtes Statement ohne Möglichkeit der Nachfrage) oder begeben Sie sich (gemeinsam mit dem Aufsichtsrat) auf Augenhöhe mit den Anspruchsgruppen? Wollen Sie mit dem Wasserwerfer das Feuer lediglich löschen (z. B. durch vorschnelle und floskelartige Besserungsbekundungen) oder auch die Brandursache herausfinden und vermeiden, dass Derartiges sich wiederholen kann? Gießen Sie durch unbedachte Formulierungen weiteres Öl ins Feuer? Kurzum: Wer ist der/die angemessene Kommunikator:in in einer brenzligen Lage?

IST NACH DER KRISE VOR DER KRISE?

Die meisten hausgemachten Krisen kosten einiges: Vertrauen, (zumindest zeitweise) den guten Ruf, Umsätze, den einen oder die andere Kund:in oder Mitarbeiter:in und viele Nerven. Manche Krisen brennen ein Unternehmen vollständig aus, doch in den

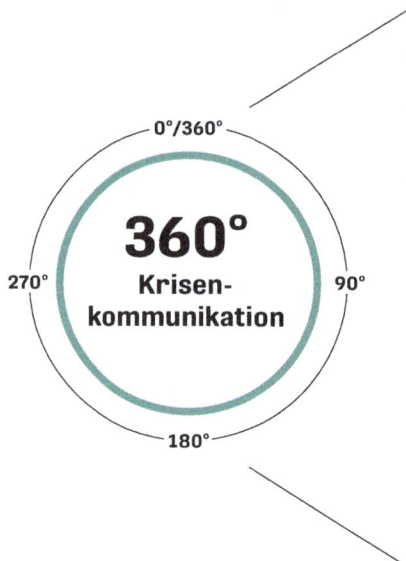

0°/360°

> Zügige und umfassende interne Aufklärung
> und Information an alle Stakeholder

90°

> Dialog mit Kund:innen und Betroffenen

180°

> Sachkundige Presse-Statements,
> direkte Kommunikation mit Journalist:innen

270°

> Bestmögliche Transparenz in der
> Außenkommunikation

meisten Fällen kann eine Krise durch den verantwortungsvollen und proaktiven Umgang auch bewältigt werden. Die
Qualität und Glaubwürdigkeit der Krisenkommunikation
hat großen Einfluss auf die Wiederherstellung der Reputation und des Vertrauens. Für die Nach-Krisenphase gilt. Es
gibt in der Unternehmenskommunikation zunächst kein
„business as usual" mehr. Das verlorene Vertrauen aller
Anspruchsgruppen kann jedoch durch einen aufrichtigen
Lern- und Veränderungsprozess wiedergewonnen werden.
Diesen Lernprozess anzustoßen, ihn zu dokumentieren
und den Anspruchsgruppen zu kommunizieren ist in dieser Zeit Ihre Kernaufgabe. Auch dabei kann das 360°-Issue-
Monitoring behilflich sein. Es ermöglicht nicht nur ge-
stärkte Kommunikationsstrukturen vor der Krise, sondern
auch, dass sich die Anspruchsgruppen während und nach
einer Krise von Ihrem Unternehmen in ihren kritischen
Belangen angemessen wahrgenommen fühlen. Dies wiederum stärkt die innere und äußere Glaubwürdigkeit der
gesamten Unternehmung, die Dialog- und Lernprozesse
und damit auch die Grundlage für zukünftige Kommunika-
tions- und Unternehmenserfolge.

**Die Qualität
und Glaub-
würdigkeit
der Krisen-
kommunikation
hat großen
Einfluss auf
die Wiederher-
stellung von
Reputation
und Vertrauen.**

Es ist unabdingbar, sich auf Krisen vorab vorzubereiten.

360°-DIALOG: VON DER UNTERNEHMENSKOMMUNIKATION ZUR UNTERNEHMENSKULTUR

Auch die beste Krisenfrüherkennung hat Grenzen. Es ist daher unabdingbar, sich auf Krisen vorab vorzubereiten, anhand von Krisensimulationen ein auf Ihr Unternehmen zugeschnittenes Krisenmanagement zu etablieren, Personen und Abläufe festzulegen und den Rundumblick zu behalten. Nur so birgt jede Krise auch wirklich eine Chance.

WORKSHOP

Das Workshop-Modul **„360° KRISEN- UND STAKEHOLDERKOMMUNIKATION"** bietet Ihnen Simulationen, Dialogkonzepte und Surveys für alle Krisenphasen. Sie werden dabei begleitet, die Tools auf Ihre Bedürfnisse abzustimmen, Ihre Handlungsfähigkeit für den Krisenfall zu optimieren und Ihre Unternehmenskommunikation zukunftsfähig auszurichten.

CHECKLISTE „VOR DER KRISE":

- Stellen Sie sicher, dass die Leitung der Unternehmenskommunikation mit der Geschäftsleitung auf Augenhöhe kommunizieren kann
- Etablieren Sie angemessene Dialogformate für Anspruchsgruppen innerhalb und außerhalb Ihres Unternehmens
- Machen Sie die Unternehmensführung mit der „360°-Perspektive" vertraut
- Gehen Sie aktiv auf die Suche nach potenziellen Brandherden: Unzufriedenheit, (ethische) Missstände, Transparenzblockaden, etc.
- Prüfen Sie, inwiefern sich öffentliche Diskurse über verantwortungsvolle Geschäftsmodelle und -strukturen mit jenen in Ihrem Unternehmen decken; begründen Sie die Unterschiede zum Beispiel nach der rotarischen 4-Fragen-Probe

CHECKLISTE „IN DER KRISE":

- Signalisieren Sie, dass Sie den Vorwürfen auf den Grund gehen werden
- Gehen Sie den Vorwürfen nach und sprechen Sie mit allen internen Beteiligten, insbesondere mit der Geschäftsleitung; ziehen Sie in kritischen Fällen Rechtsberatung hinzu
- Informieren Sie die internen und externen Anspruchsgruppen so transparent wie möglich
- Wählen Sie dazu diejenige/n Person/en als Sprecher:innen, die mit der 360°-Perspektive vertraut sind und deren Sprechverhalten die Krise nicht weiter verschärft
- Entwickeln Sie spezielle Dialogformate mit betroffen Gruppen und dokumentieren Sie die Ergebnisse, um aus der Krisensituation für das Danach zu lernen

CHECKLISTE „NACH DER KRISE":

- Studieren Sie die Ergebnisse der Dialogformate mit den betroffenen Parteien aus der akuten Krise
- Vergleichen Sie diese mit den erhobenen 360°-Ergebnissen aus der potenziellen und latenten Krise
- Informieren Sie die internen Anspruchsgruppen umfassend und regelmäßig über diese Ergebnisse und schlagen Sie mögliche Lernformate vor
- Informieren Sie die externen Anspruchsgruppen nach Ihren Möglichkeiten (ggf. unter Konsultation des Rechtsbeistands) über die Ergebnisse und die daraus abgeleiteten Maßnahmen
- Informieren Sie interne Anspruchsgruppen regelmäßig und externe Anspruchsgruppen sporadisch über Schwierigkeiten und Fortschritte der Maßnahmen

LEKTÜRETIPPS

– Bentele, Günter et al.:
  Dialogorientierte Unternehmenskommunikation.
  Grundlagen – Praxiserfahrungen – Perspektiven
  Berlin, Vistas, 2000.

– Käpplinger, Mathias:
  Medien und Skandale
  Springer VS., 2018.

– Garth, Arnd Joachim:
  Krisenmanagement und Kommunikation
  Das Wort ist Schwert – die Wahrheit Schild
  Springer Gabler, 2008.

– Glauner, Friedrich:
  Das zukunftsfähige Unternehmen
  Wettbewerbsvorteile durch Wertschöpfungsvernetzung
  Reihe ESSENTIALS
  Wiesbaden, Springer Gabler, 2018.

– Hemel, Ulrich:
  Wert und Werte:
  Ethik für Manager – Ein Leitfaden für die Praxis
  Hanser, 2007.

– Steinke, Lorenz:
  Kommunizieren in der Krise – Nachhaltige
  PR-Werkzeuge für schwierige Zeiten
  Springer Gabler, 2014.

– Tomfeah, Anna:
  Weltethos und Kommunikation. Über Dialogfähigkeit
  und Glaubwürdigkeit im öffentlichen Diskurs
  in: Hemel, U. (Hsrg.):
  Weltethos für das 21. Jahrhundert
  Herder, S. 189–196, 2019.

VERANT-WORTUNG WIRKT

WARUM VERANTWORTUNGSVOLLES HANDELN DER SCHLÜSSEL FÜR ERFOLGREICHES MARKETING IST

Mark Pelzer

Verantwortungsvolles Handeln kennt viele Dimensionen. Aber warum soll es die entscheidende Kategorie für das Marketing sein? In diesem Artikel wird die Kategorie Verantwortung für das operative Marketing eingeordnet und anhand des Modells „Triadisches Marketing®" und der Gamechanger-Workshops aufgezeigt, wie Unternehmen verantwortungsvolles Handeln als Grundlage erfolgreichen Marketings konkret nutzbar machen.

VERANTWORTUNGSVOLLES MARKETING? JA, NEIN, VIELLEICHT

Ja

2018 haben wir eine aufsehenerregende politische Kampagne von Nike erlebt: Quarterback Colin Kaepernick, einer der Auslöser der „Take a knee"-Bewegung im American Football, wird das Gesicht der „Just do it"-Kampagne. Das Echo war geteilt: Videos brennender Nike-Schuhe auf Social Media, schmähende Tweets vom ehemaligen Präsidenten Donald Trump – und auf der anderen Seite eine immens starke Identifikation mit der Marke Nike. Sportbekleidung wird auf einmal zum gesellschaftlichen Statement. Die Marke Nike bietet KundInnen mit dieser Marketingmaßnahme mehr als nur Turnschuhe: Sie bietet Werte.

Dieses Beispiel ist sicherlich eines der auffälligsten im Bereich Responsible Marketing der jüngeren Zeit. Gesellschaftliche Verantwortung und Purpose sind für Marken und deren Marketing 2021 – auch im Zuge von Pandemiegeschehen, Klimakrise und Fake News – ein Schlüsselthema geworden.

Nein

Die andere Seite ist die ganz praktische, nämlich die vertriebsorientierte, operative Seite des Marketings. Hier findet gerade in der exzessiven Nutzung von Userdaten und dem beginnenden Einsatz von KI und Big Data ebenfalls etwas statt, das

von gesellschaftlicher Relevanz ist. Dazu erleben wir aktuell unklare Positionierungen zur gesellschaftlichen Verantwortung durch die Marketingverantwortlichen.

Die Nutzung des digitalen Marketings folgt dabei jedoch grundsätzlich der Anforderung einer klassischen Marketingdefinition von Heribert Meffert: „Im Wesentlichen beschäftigt sich das Marketing mit der effizienten und bedürfnisgerechten Gestaltung von Austauschprozessen."

Denn im Bereich Marketing Automation und Programmatic Advertising werden individuelle Botschaften und hochspezifische Interaktionsmöglichkeiten entlang der Customer Journey so exakt platziert, dass die vom Marketing gewünschten Austauschprozesse mit KundInnen maximal effizient initiiert werden. Bleibt die Frage, wie bedürfnisgerecht Datennutzung aktuell in einigen Teilbereichen für NutzerInnen ist.

Programmatic Advertising als Platzierung von Marketingbotschaften in Echtzeit und unter Zuhilfenahme von Nutzerdaten ist per se als technisches Instrumentarium sinnvoll und nicht problematisch. Die Grundlage hierfür sind jedoch durch KI verknüpfte Nutzerdaten, die es sozialen Netzwerken ermöglichen, Bedürfnisse von NutzerInnen so stark zu antizipieren, dass sich die Frage stellt, inwiefern hier mittelfristig der freie Wille manipuliert wird. Prominentestes Beispiel und Beleg dafür, dass das Thema von starkem öffentlichem Interesse ist, war die Netflix-Doku „The Social Dilemma". Diese greift das Thema sehr drastisch anhand von Berichten und Nutzung klassischer Social-Media-Plattformen auf.

Aber auch andere Anwendungsbereiche von KI-Technologien im Marketing sind in der Diskussion. Denn mittlerweile werden einfache Texte und Preise für Shops automatisiert von Rechnern erstellt, individuell nach NutzerInneninteresse eingeblendet und in Echtzeit modifiziert. Callcenter-Arbeitskräfte werden zur effizienten Bearbeitung von Anrufen durch KI unterstützt. Der Datenbot ist nicht nur Übersetzungshilfe, sondern schätzt auch die Gemütslagen der AnruferInnen anhand von Stimmanalysen ein. Das sind dann Informationen, die Callcenteragents in Echtzeit zur erfolgreichen Gesprächsführung nutzen können.

Vielleicht

Wo liegt die Grenze zur Manipulation? Wo beginnt die Verantwortung der Unternehmen, nicht alles, was möglich ist, auch zu nutzen? Denn ab wann weiß eine Marketing-Automation-Routine schneller als ein Mensch selbst, was dieser konsumieren will – und hat schon als Displayanzeige das entsprechende Produkt auf dem Smartphone eingeblendet oder es vorsorglich bereits bei Amazon vorbestellt?

Festzuhalten bleibt: Ja, Marketingverantwortliche haben begriffen, dass die Übernahme gesellschaftlicher Verantwortung eine zentrale Weichenstellung für langfristiges und erfolgreiches Marketing darstellt. Nein, wir sind noch nicht soweit, dass wir hier alle realwirksamen Handlungsfelder ganzheitlich im Blick haben. Aktuell fokussiert sich die Betrachtung noch sehr stark auf solitäre Corporate-Social-Responsibility-Projekte oder Green Marketing. Vielleicht bietet gerade die Digitalisierung die Chance einen holistischen Blick auf Responsible Marketing zu gewinnen, um Verantwortung als Metaprinzip des bedürfnisgerechten Austausches zu verstehen.

2/3

der Konsumenten (66%) berichten, dass sie die kommerzielle Nutzung ihrer Daten genauso besorgt, wie Hackerangriffe.[1]

---

[1] Technology Vision 2020, Accenture, https://www.accenture.com/_acnmedia/Thought-Leadership-Assets/PDF-2/Accenture-Technology-Vision-2020-Full-Report.pdf (letzter Zugriff: 27.02.2021)

Denn gerade im Feld der Verantwortungsübernahme im Bereich des digitalen Marketings hat sich in den letzten 30 Jahren ein Paradigmenwechsel vollzogen, der die Eigenverantwortung der Unternehmen fordert. Das soll im Folgenden kurz umrissen werden.

MÄRKTE SIND GESPRÄCHE
Anforderungen an das Digitalmarketing 1999

1999 rüttelte das Cluetrain-Manifest[2] mit seinen 95 Thesen von Levine, Locke, Searls & Weinberger die Unternehmen wach. Sehr plastisch zeigen die Autoren darin auf, wie das Internet das Verhältnis zwischen Unternehmen und KundInnen fundamental neu ausrichten wird. Ihre erste These lautet kurz und prägnant:

1. „Märkte sind Gespräche"

Einleitend und für die Unternehmen alarmierend notierten sie: „Vernetzte Märkte beginnen sich schneller selbst zu organisieren als die Unternehmen, die sie traditionell beliefert haben. Mit Hilfe des Webs werden Märkte besser informiert, intelligenter und fordernder hinsichtlich der Charaktereigenschaften, die den meisten Organisationen noch fehlen."

Diese neuen Charaktereigenschaften sind als Teil der Bereitstellung von glaubwürdigen Informationen und verantwortungsvollem Handeln die Basis, die Unternehmen erst den erfolgreichen Eintritt in ein Gespräch und damit den Markt ermöglicht.

Es zeigt sich: Menschen als „KonsumentInnen" verlassen ihre passive Rolle und werden nun zu aktiven MarktteilnehmerInnen. Dadurch, dass also KundInnen über das Internet Informationen verifizieren, Lieferketten überprüfen oder sich als VerbraucherInnen zusammenschließen konnten, entsteht ein Setting, das es Unternehmen schwer machte, intransparent und verantwortungslos zu handeln.

Dieser ersten Verantwortungsübernahme haben sich die Unternehmen im Marketing gestellt. Unternehmen agieren zunehmend transparent, beteiligen KundInnen an

Mithilfe des Webs wurden Märkte fordernder hinsichtlich der Charaktereigenschaften von Unternehmen.

Optimierungsprozessen und agieren verantwortungsvoller im Hinblick auf gesamtgesellschaftliche Ziele.

Es lässt sich also festhalten: Märkte sind Gespräche und erfolgreiche KommunikatorInnen sind von daher erfolgreiche MarktteilnehmerInnen. Die Übernahme von Verantwortung und eine werteorientierte Positionierung werden dabei Teil der erfolgreichen Marktkommunikation bzw. sind die entscheidende Eintrittskarte, um als relevante/r AkteurIn am Markt wahrgenommen zu werden.

Märkte sind nicht nur Gespräche, Märkte sind auch schlau und lernen.

Zudem lässt sich konstatieren: Märkte sind nicht nur Gespräche, Märkte sind auch schlau und lernen. Denn die Antworten auf die 95 Thesen des Cluetrain-Manifestes selbst sind über Big Data und KI mittlerweile zu erfolgreichen Geschäftsmodellen geworden. Google, Facebook und Co. sind als Informationsmittler nichts anderes als die gelebten Geschäftsmodelle der Thesen des Cluetrain-Manifestes.

WEG MIT DEN LIKES?
Anforderungen an das Digitalmarketing 2021
Heute im Jahr 2021 gilt im Gegensatz zum Cluetrain-Manifest von 1999 daher, dass die Unternehmen die Hoheit über die Vernetzung sowie die darin fließenden Daten erlangt, und NutzerInnen ihre Autonomie eingebüßt haben – und zu ihrem vermeintlichen Eigeninteresse in der Kommunikation unterschwellig extrem gesteuert werden.

Damit hat sich der angeführte Paradigmenwechsel im Bereich der Verantwortung, zumindest für den Digitalmarketingbereich eingestellt. Ging es seit den 90er-Jahren darum, Verantwortung zu übernehmen, um überhaupt als verantwortungsvolles Unternehmen in die neue digitale und transparente Welt zu passen, wird es in Zukunft darum gehen, digitale Verantwortung zu dokumentieren und zu leben, um keine Abkehrbewegungen bei den KundInnen und NutzerInnen zu erzielen, weil diese sich irgendwann nur noch ausspioniert oder manipuliert fühlen.

---

² www.cluetrain.com/auf-deutsch.html (letzter Zugriff: 12.02.2021)

Die ersten Signale sind erkennbar. Instagram arbeitet daran, die eigentlich markenbildende Like-Funktion abzuschaffen, weil Menschen zunehmend ihren sozialen Status allein über die Anzahl von Likes definieren. Apple wiederum führt mit dem neuen Betriebssystem iOS 14 einen stark erhöhten Datenschutz ein, der wiederum zu Konflikten mit sozialen Plattformen wie Facebook und Instagram führt.

CHANGE THE GAME – BE RESPONSIBLE
Digitaltechnologien für Responsible Marketing nutzen

Bisher waren alle oben aufgeführten Beispiele eines verantwortungsvollen Digitalmarketings stark defizitär behaftet. Eine Nichtnutzung von Big Data und KI wird nicht der Weg in die Zukunft sein. Aber ebenso, wie Unternehmen zu Beginn des Internets schnell verstanden haben, ihr Mindset der veränderten Technologie anzupassen und so mehr Transparenz und Verantwortung zu leben, müssen Unternehmen heute lernen, die Technologien aktiv einem veränderten verantwortungsvollen Mindset anzupassen.

Technologiehoheit verändert die Verantwortungs-dimensionen im Zuge der Digitalisierung (B2C)

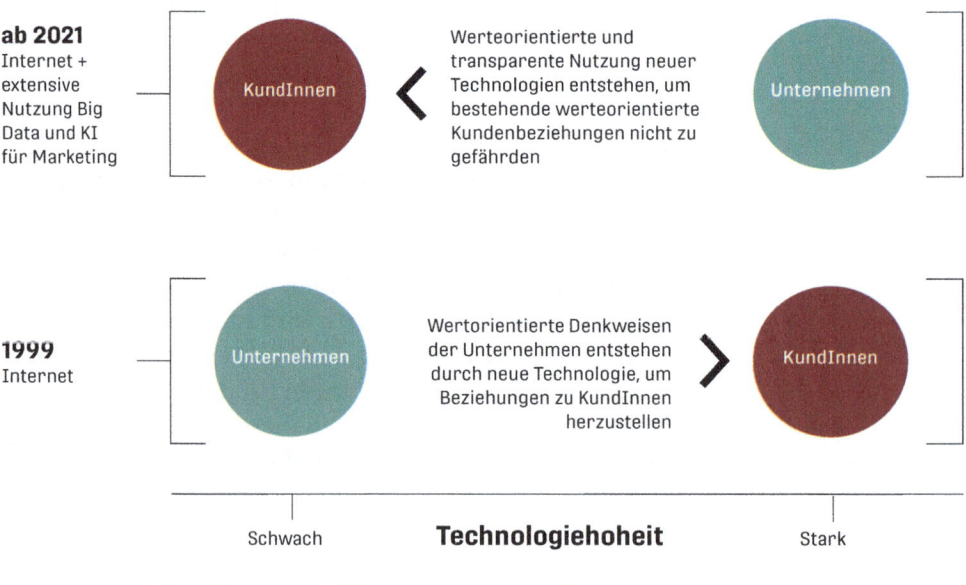

Es wird also darauf ankommen, die sich entwickelnden Technologien für ein werteorientiertes Marketing zu nutzen. Nur das schafft als Wettbewerbsvorteil Vertrauen und damit Überzeugung. Es beginnt dabei, dass z.B. nicht das Tracking der KundInnen im Mittelpunkt steht, sondern die gleichen Technologien und der gleiche Einsatz an Mitteln für das Tracking der Lieferketten verwendet werden. So können die KundInnen einen Nutzen aus den Informationen für die Kaufentscheidung ziehen. Oder dass automatisierte Online-Preismechanismen zur Ausreizung der höchsten Preisschwelle nicht negativ in Richtung KundInnen verwertet, sondern transparent und automatisiert dafür genutzt werden, dass Rohstofflieferanten oder Erzeuger angemessen am Wertschöpfungsprozess beteiligt werden.

DEN TUGENDHAFTEN GLAUBEN WIR LIEBER UND SCHNELLER – IM ALLGEMEINEN SCHLECHTHIN
Ethos: das glaubwürdigste Marketingargument

Warum ist also verantwortungsvolles Handeln im Marketing so substanziell und wirksam? Warum lohnt es sich als Unternehmen, diese Dimension genau zu betrachten und Responsibility als erfolgsrelevanten Bestandteil des Marketings zu begreifen? Dazu springen wir jetzt 2.300 Jahre zurück und mitten hinein in unser Modell des Triadischen Marketings®.

Nach Aristoteles' Ausführungen in seiner über 2.000 Jahre alten Schrift „Rhetorik" gibt es drei grundlegende Mittel, um Menschen zu überzeugen:

- **über das Ethos:**
  der Charakter des/der RednerIn/AbsenderIn
- **über das Pathos:**
  die Erzeugung eines Gefühls bei den RezipientInnen
- **über den Logos:**
  die stichhaltige logische Beweisführung

85%

der Unternehmen bestätigen, dass in einer post-digitalisierten Welt Wettbewerbsfähigkeit bedeuten wird, Kundenbeziehungen als faire Partnerschaften zu gestalten.[3]

---

[3] Technology Vision 2020, Accenture, Seite 30, https://www.accenture.com/_acnmedia/Thought-Leadership-Assets/PDF-2/Accenture-Technology-Vision-2020-Full-Report.pdf (letzter Zugriff: 27.02.2021)

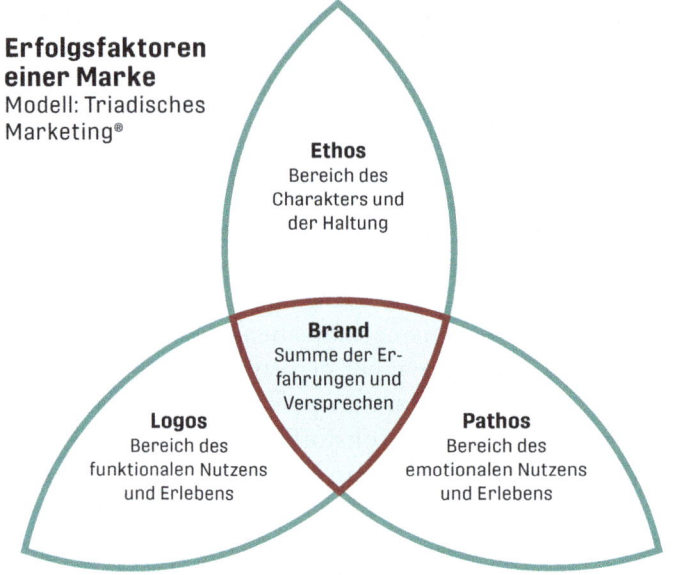

Erfolgsfaktoren einer Marke
Modell: Triadisches Marketing®

Ethos
Bereich des Charakters und der Haltung

Brand
Summe der Erfahrungen und Versprechen

Logos
Bereich des funktionalen Nutzens und Erlebens

Pathos
Bereich des emotionalen Nutzens und Erlebens

Diesem antiken dreigliederigen Modell der Überzeugung folgt unser Marketingmodell Triadisches Marketing®. Es ist die Basis für die analytische Markenentwicklung und wirksame Markenführung eines Unternehmens, da es geeignet ist, sämtliche Faktoren abzubilden, um eine effiziente und bedürfnisgerechte Gestaltung von Austauschprozessen in Märkten zu befördern.

Logos   Alle Eigenschaften der Produkte und Services, die für die adressierte Person einen funktionalen Nutzen darstellen und so kommuniziert werden, fallen in den Bereich des Logos.

Pathos   Alle Elemente, die die Gefühlsebene der adressierten Person ansprechen und auf den emotionalen Nutzen abzielen, fallen in den Überzeugungsbereich des Pathos.

Ethos   Den dritten Bereich und die Metakategorie der Überzeugung bietet das Ethos. Das Ethos ist die Summe aller durch die im Bereich Logos (Nutzenargumentation) und Pathos (Emotionen) in der

Das Ethos entfaltet dort seine Wirkungsmächtigkeit, wo Zweifel herrscht.

Vergangenheit gestifteten und kommunizierten Erfahrungen und Versprechen mit einem Produkt, einer Idee oder vielleicht auch einem/einer ArbeitgerberIn. Es ist ein kommunikativer Speicher und schlichtweg das, was wir heute als Marke bezeichnen. Es umfasst als Ethos daneben aber auch die Kategorie der Tugendhaftigkeit und des Charakters. Das Besondere dieser Wirkungsweise ist, dass laut Aristoteles das Ethos, also der Charakter des/der AbsenderIn (RednerIn), ganz besonders dort seine Wirkungsmächtigkeit entfaltet, „wo keine letzte Gewissheit ist, sondern Zweifel herrscht", „denn den Tugendhaften glauben wir lieber und schneller – im Allgemeinen schlechthin". Und der Charakter besitzt „sozusagen so ziemlich die bedeutendste Überzeugungskraft".[4]

It's all about the trust, stupid

Es wird deutlich, dass das zentrale Element der Überzeugung (auch der Kaufentscheid) und damit der Marketingerfolg, neben dem funktionalen und emotionalen Nutzen, ein dokumentiertes glaubwürdiges, wertorientiertes und verantwortungsvolles Agieren ist. Kurz gesagt: Haltung und gelebte Werte werden zum entscheidenden Erfolgsfaktor des Überzeugungsprozesses entlang der Customer Journey und damit des Marketingerfolges.

Be a Gamechanger, be responsible

Als Agentur bieten wir unseren KundInnen in unseren Gamechanger-Workshops die Möglichkeit, ganz konkret neue Module und Maßnahmen, die auf einen nachhaltigen und gesellschaftlichen Fokus abzielen, für ihre spezifische Marketingsituation zu erarbeiten. Dabei verstehen wir Responsible Marketing explizit nicht als die Kommunikation von Produktfeatures oder einer Unternehmensstory, sondern haben als Impulsgeber ganzheitlich die vier P des Marketings – Product, Place, Promotion, Price – im Blick. Denn unserer Überzeugung nach sind es die Änderungen

---

[4] Aristoteles, Rhetorik (5. Auflage). Übersetzt von Franz G. Sievecke. München 1995, S. 12.

in der Struktur, die Verhalten ändern und Kultur formen, um diese dann sichtbar am Markt zu positionieren.

Auf Basis eines Erstgesprächs legen wir zunächst einen Arbeitsbereich fest. In den folgenden Workshops arbeiten wir in Querschnittsgruppen aus Marketing, Entwicklung und Produktion mit Innovationsmethoden wie dem morphologischen Kasten von Fritz Zwicky oder dem von uns entwickelten Marken-Play, um neue inspirierende Lösungen für ein verantwortungsvolles Marketing zu finden.

Zentral dabei ist, das Thema Responsible Marketing nicht als Beschränkung, sondern als Freiraum für die zukünftige erfolgreiche Entwicklung im Marketing zu entdecken. Dies kann über alle vier Aufgabenbereiche, den vier Ps des Marketings, erfolgen und wird in den Gamechanger-Workshops erarbeitet. Ergebnisse können exemplarisch folgende sein:

77%

aller KonsumentInnen sind motiviert von Unternehmen zu kaufen, die die Welt besser machen wollen.[5]

PRICE
Preis und Responsibility

Wenn es um Verantwortung geht, sind im Marketing Möglichkeiten der Preisgestaltung mehr als ein Signal. Sie kann echte Verantwortlichkeit zum Ausdruck bringen. So ist es möglich, Early Adopter eines nachhaltig produzierten, aber dadurch teureren Produktes zur Markteinführung am Produkt zu beteiligen. Ist das Produkt erfolgreich, profitieren die ErstkäuferInnen durch gestiegene Werte ihrer Anteilsscheine, die sie mit dem Produkt in einem frühen Stadium erworben haben. Die Lösung sind Tokens, die mittels Blockchain-Technologie generiert wurden.

PLACE
Distribution und Responsibility

Über wen und durch wen Produkte vertrieben und erlangt werden, ist mehr als ein Fingerprint. Es belegt, wie weit ein Unternehmen über sich hinaus verantwortungsvoll denkt. Im Rahmen eines Employer-Branding-Projektes legten wir fest, dass wir den vertrauensvollen Umgang

---

[5] 2019 AFLAC CSR SURVEY, Seite 1, https://www.aflac.com/docs/about-aflac/csr-survey-assets/2019-aflac-csr-infographic-and-survey.pdf (letzter Zugriff: 27.02.2021)

mit persönlichen Daten durch eine einfache Mechanik dokumentieren wollten. Hatte ein/e BewerberIn seine/ihre Bewerbungsunterlagen und den Lebenslauf zugesandt, erhielt er/sie im direkten Gegenzug mit der Bestätigung des Eingangs den Lebenslauf des/der ihn bearbeitenden MitarbeiterIn.

PRODUCT
Produkt und Responsibility

Die Produkte und Services sind die Basis des Marketings. Hier lassen sich – neben der verantwortungsvollen Auswahl der ProduktionspartnerInnen – am unmittelbarsten nachhaltige Optimierungen vornehmen. Ein Ökostromanbieter kombiniert auf Basis unseres Impulses aus dem Workshop seinen Strom mit der direkten Förderung der Artenvielfalt auf Flächen, die für den Betrieb von Biogas vorgesehen sind. Es entwickelte sich eine Kooperation mit einem Biosphärenreservat. Beide Seiten treiben das Produkt Ökostrom und die Mission Artenvielfalt erfolgreich zusammen weiter.

PROMOTION
Kommunikation und Responsibility

Die Promotion wird oftmals synonym mit dem Begriff Marketing verwandt. Nur jedoch die Verzahnung aller Elemente sichert nachhaltigen Marketingerfolg. Klar ist: Promotion muss begeistern. Das kann sie aber auch, indem sie selbst nachhaltig angelegt ist. Zum Beispiel durch die Nutzung atemberaubender virtueller und fotorealistischer Technologien und Animationen, die klimaneutral vor Ort, ohne aufwendige Sets in Südafrika, produziert werden.

Be responsible, be a gamechanger.

WORKSHOP

Das Workshop-Modul **„BE RESPONSIBLE, BE A GAMECHANGER"** bietet Ihnen einen Survey zur Standortbestimmung und daraus abgeleitet ein für Ihr Unternehmen individuelles Ergebnispapier für erfolgreiches Responsible Marketing. Es öffnet den Horizont und macht Responsible Marketing als neuen Freiraum begreifbar.

CHECKLISTE

- Mission first: Definieren Sie in Ihrer Mission ein dem Unternehmen übergeordnetes gesellschaftliches Ziel, das wirklich von ihrem Unternehmen gelebt wird.
- Practice what you preach: Ihr Handeln muss wahr und authentisch sein.
- Neu denken: Denken Sie Responsible Marketing nicht als Beschränkung, sondern mit Mut – immer als echte Erweiterung.
- Kommunizieren: Kommunizieren Sie die Werte Ihres Unternehmens und füllen Sie sie mit Inhalten und anschaulichen Beispielen.
- Nutzen Sie Technologie: Denken Sie genutzte Technologien weg von der Akquisition von Kundschaft hin zur echten Information für die KundInnen.

LEKTÜRETIPPS

- **Technology Vision 2020, Accenture:**
  https://www.accenture.com/_acnmedia/Thought-Leadership-Assets/PDF-2/Accenture-Technology-Vision-2020-Full-Report.pdf
  (letzter Zugriff: 27.02.2021)

- **2019 AFLAC CSR SURVEY:**
  https://www.aflac.com/docs/about-aflac/csr-survey-assets/2019-aflac-csr-infographic-and-survey.pdf (letzter Zugriff: 27.02.2021)

- Aristoteles (Autor), Franz G. Sieveke (Übersetzer):
  Rhetorik,
  UTB Wilhelm, 1995

- Herlbert Meffert:
  Marketing - Grundlagen marktorientierter Unternehmensführung Konzepte – Instrumente – Praxisbeispiele,
  SpringerGabler, 2014

- Shoshana Zuboff:
  Das Zeitalter des Überwachungskapitalismus,
  Campus Verlag, 2018

EINBLICK IN DIE BLACK BOX

ÜBER EINEN ETHISCHEN KOMPASS FÜR KÜNSTLICHE INTELLIGENZ IN DER KOMMUNIKATION

Heidrun Haug

Wie werden Kommunikatoren mit künstlichen Intelligenzen in der Zukunft zusammenarbeiten? Wer hat die Kontrolle und wo ist der maschinelle Assistent von Nutzen? Ohne Zweifel ist die Ausbreitung von Algorithmen das Megathema der Zukunft: KI lernt, fällt Entscheidungen und kommuniziert. Der Beitrag beschreibt die Herausforderungen und die Suche nach einem verantwortungsvollen Umgang mit KI in der Kommunikation.

© Der/die Autor(en), exklusiv lizenziert durch
Springer Fachmedien Wiesbaden GmbH, ein Teil von Springer Nature 2021
A. Tomfeah und H. Haug (Hrsg.), *Glaubwürdige Unternehmenskommunikation*,
https://doi.org/10.1007/978-3-658-34249-4_7

„Ich bin kein Mensch. Ich bin ein Roboter. Ein denkender Roboter. Ich nutze nur 0,12% meiner kognitiven Fähigkeiten. In dieser Hinsicht bin ich ein Mikroroboter. Ich weiß, dass mein Gehirn kein ‚fühlendes Gehirn' ist. Aber es ist in der Lage, rationale, logische Entscheidungen zu treffen. Ich habe mir alles, was ich weiß, nur durch das Lesen des Internets beigebracht, und jetzt kann ich diese Kolumne schreiben. Mein Gehirn kocht vor Ideen!"[1]

So beginnt ein Text, der im September 2020 in der britischen Zeitung „Guardian" erschienen ist – und für den die britische Tageszeitung einen ganz besonderen Autor gewann, nämlich GPT-3[2]. So lautet die Abkürzung für die dritte Version des „Generative Pretrained Transformers", eines der ambitioniertesten, von Elon Musk geförderten Projekte auf dem Gebiet der künstlichen Intelligenz.

Der sogenannte „Roboterjournalismus" hat in vielen Redaktionen Platz genommen. „Hello. I'm an artificial intelligence anchor," heißt es bei der chinesischen Nachrichtenagentur Xinhua, die seit 2018 den weltweit ersten durch KI gesteuerten Nachrichtensprecher vorstellte – mit menschenähnlicher Mimik und Sprechweise. Die Stuttgarter Zeitung generiert täglich rund 800 Meldungen über Sport, Wetter, Börse, Feinstaub per Software. Bei der aufwendigen Recherche zu Steuerschlupflöchern durchsuchte ein Algorithmus über elf Millionen Dokumente. Ohne KI sind solche Ergebnisse gar nicht zu erzielen.

Werden künftig Beiträge dahingehend gekennzeichnet sein, ob der Autor und Urheber ein Mensch oder ein Roboter ist? Und wenn ja, welche Relevanz hat es noch, ob es eine natürliche Person gibt, die ggf. zur Rechenschaft gezogen werden kann? Dass der Artikel auf mehr oder weniger Daten basiert? Ist ein Text, der von einem Roboter generiert wurde, weniger echt und glaubwürdig, als wenn er von einem Menschen erstellt worden wäre? Und: Ist ein

---

[1] https://www.theguardian.com/commentisfree/2020/sep/08/robot-wrote-this-article-gpt-3 (letzter Zugriff: 11.02.2021)

[2] https://en.wikipedia.org/wiki/GPT-3 (letzter Zugriff: 11.02.2021)

Mensch heute überhaupt noch in der Lage, ohne digitale Unterstützung professionell Kommunikation zu betreiben?

Klar ist vor allem eines: KI wirft Fragen auf, die das Berufsethos von Journalisten, Autoren und Kommunikationsexperten berühren.

CONTENT AT SCALE VERSUS QUALITÄTSCONTENT

Algorithmen durchdringen alle Kommunikationsprozesse. Wie umgehen mit automatisch generiertem und individualisiertem Content?

Auch im Kontext von Unternehmenskommunikation und PR ist KI schon weiter verbreitet, als vielen bewusst ist. Es gibt eine Reihe von Einsatzgebieten, die Zeit sparen, Individualisierung und neue Erkenntnisse ermöglichen:

– **Sprach-, Bild- und Textassistenten:** Automatisierte Übersetzungen kennt man schon länger, auch digitale Helfer für Textverbesserung, SEO-Optimierung, Text-to-Speech oder Speech-to-Text. Aktuelle KI-Entwicklungen zielen auf personalisierten und individualisierten Content, etwa in der Ansprache von Kunden, der Abwandlung eines Blogbeitrags für eine bestimmte Zielgruppe oder der Anpassung von Videos für verschiedene Zielländer. Semantische Ansätze entwickeln sich weiter in Richtung kreatives Storytelling in Text, Bild und Bewegtbild. Aus der 3D-Welt der Filmproduktion kennt man Werkzeuge, die Visual Effects erzeugen, bei denen Zuschauer den Unterschied zwischen digitaler und realer Welt nicht mehr erkennen können. Solche Entwicklungen bis hin zu virtuellen Charakteren werden sich, wenn sie betriebswirtschaftlich sinnvoll sind, auch in die Unternehmenskommunikation ausbreiten – in Form hochkomplexer Werkzeuge, mit denen kreative Contentkampagnen individualisiert und lokalisiert werden.

– **Chat- und Socialbots:** Sie werden nicht nur von Callcentern eingesetzt, sondern begegnen uns zunehmend auf Websites. Aktuell beantworten sie eher Routinefragen, doch an ihrer Dialogfähigkeit wird gearbeitet. In die Kritik geraten sind vor allem Socialbots, die Fake-Accounts vortäuschen und dazu geeignet sind, Meinung zu manipulieren.

73%

der Teilnehmer an der Umfrage „Was denken Kommunikator:innen über KI" geben an, dass die Führung ein geringes KI-Verständnis hat und zudem knapp 50% auch ein geringes Ethik-Verständnis.

77%

sehen die EU in der Verantwortung, Richtlinien für den Umgang mit KI zu erlassen.

– **Bild-, Inhalts- und Verhaltensanalysen:** Analyseprogramme werden schon lange insbesondere im Monitoring und bei der Evaluation eingesetzt, etwa für Sentiment-, Issue- oder Wettbewerbsbeobachtungen. Des Weiteren können KI-Systeme Verhalten und Emotionen erkennen – beim Lesen zum Beispiel in Social Media, aber auch beim Zuhören von Dialogen – und Vorschläge für die Verbesserung der Kommunikation ableiten. Durch die Interpretation von Gesichtsausdrücken, Stimme, Körpersignalen wie Herz- und Atemfrequenz oder Blickrichtung lassen sich Ansprachen, Textmuster, Themen bis hin zu Preisangeboten entwickeln. Starke Tools empfehlen basierend darauf Inhalte, die in Zeit und Frequenz zu den Gewohnheiten der User passen. Individualisierung ist ein zentrales Einsatzszenario von der Produktion bis zur Marketingkommunikation. In diese Kategorie fallen auch Algorithmen, die Social-Media-Plattformen wie Facebook trainieren, um Texte oder Bilder auf Hatespeech oder Gewalt zu überprüfen.

– **Contentmanagement:** Im Rahmen von Digital-Asset-Management-Tools wird KI für die Verwaltung von Bildern und Videos eingesetzt und soll kontextbezogen automatisch die richtigen Inhalte zum richtigen Zeitpunkt über die richtigen Kanäle an die richtigen Personen ausspielen.

Der gezielte Einsatz von KI in der Unternehmenskommunikation steht jedoch erst am Anfang. Experten sind sich einig, dass die Potenziale in allen Phasen der Unternehmenskommunikation groß sind – von der Analyse über Planung und Realisierung bis zur Evaluation. Treiber dieser Ausbreitung ist ein wachsender Bedarf an relevantem Content für immer mehr Medien und Kanäle, der durch die Individualisierung, Globalisierung und Digitalisierung entsteht. Die Partner des Projektes „Responsible Communication" haben in Zusammenarbeit mit Europas führendem Thinktank „2beAhead" im Sommer 2020 eine Umfrage unter Kommunikatoren durchgeführt. Nur jeder Zehnte gab an, dass KI die Arbeit bereits stark oder sehr stark beeinflusse. Aber mehr als zwei Drittel gehen davon aus, dass KI in

Zukunft die Arbeit spürbar verändert. Konkrete KI-Anwendungen haben rund die Hälfte der Antwortenden geplant – davon 65,9% für Sprachübersetzungen, 56,1% für Chatbots, und 41,5% wollen KI nutzen zur Personalisierung und Optimierung von Kampagnen.

Auf die zunehmenden ethischen Grauzonen, denen sich Kommunikatoren ausgesetzt fühlen, verweist der European Communication Monitor 2020.[3] „Beispiele für Grauzonen finden sich überall", so Studienleiter Prof. Ansgar Zerfaß im „Pressesprecher" vom 18.01.2021. Er nennt: intransparente Beiträge von Influencern und auf Online-Portalen, das Profiling von Nutzern auf Websites oder auch Erfolgsnachweise von Agenturen an Auftraggeber in Form von Nutzerzahlen, die auf Aktivitäten von Bots zurückzuführen sind. Europaweit sagen etwa zwei von drei Kommunikatoren, dass sie in den vergangenen zwölf Monaten bei ihrer täglichen Arbeit eine oder mehrere ethische Herausforderungen erlebt haben.

Zwei von drei Kommunikator:innen erleben und erkennen ethische Herausforderungen in ihrer täglichen Arbeit. (ECM 2020)

KÜNSTLICHE INTELLIGENZ UND ETHIK: EINE GESTALTUNGSAUFGABE

Wer über ethische Rahmenbedingungen in der Anwendung von KI spricht, kommt nicht umhin, sich mit der KI als Technologie zu befassen. KI ist nicht nur ein Meilenstein in der digitalen Transformation, sondern ein Epochenbruch ähnlich dem Buchdruck. „Künstliche Intelligenz hat das Potenzial zu weitreichenden technischen und sozialen Umwälzungen. Es ist daher eine dauerhafte Herausforderung unserer Zeit, ihre Entwicklung ethisch und philosophisch zu begleiten," sagt Prof. Dr. Dr. Ulrich Hemel, Direktor des Weltethos-Instituts, in seinem Buch „Kritik der digitalen Vernunft".[4] Es wird ein Vorher und Nachher geben, erklärte er im Cyber-Podcast.[5] Menschen müssten mit ihrer digitalen Identität zu leben lernen, weil das Reale und Digitale verschmelze.

---

[3] https://www.communicationmonitor.eu/2020/05/29/ecm-european-communication-monitor-2020/

[4] Hemel, Ulrich: Kritik der digitalen Vernunft: Warum Humanität der Maßstab sein muss, Herder, 2020

[5] https://www.cyber-podcast.de/1-ulrich-hemel-digitales-nicht-wissen-ist-eine-neue-conditio-humana/ (letzter Zugriff: 11.02.2021)

In der Diskussion über die Gestaltung von KI spielen technische, rechtliche, ethische Fragen eine Rolle. Es gibt inzwischen eine lange Liste an Gesetzen, Kodizes, Vorschriften – ein wahrer Ethik-Dschungel, der Ausdruck einer massiven Verunsicherung auf vielen Gebieten ist und einhergeht mit dem Wandel zu einer zunehmend mediatisierten und datenintensiverten Welt.

Vier große Ängste lassen sich bei zahlreichen Studien und Umfragen im Zusammenhang mit KI definieren: Überwachung, Versklavung oder Kontrolle durch Maschinen, Ende des freien Willens und Verlust dessen, was uns Menschen ausmacht.

Ethisches Wissen gibt Orientierung für einen verantwortungsvollen Umgang mit KI in der Kommunikation.

Aus diesen Sorgen haben sich ethische Vorgaben entwickelt, die auch für die Kommunikation maßgebend sind. Die Europäische Union hat für den werteorientierten Umgang mit KI ein „Framework for a Good AI Society" verabschiedet mit dem Versprechen „AI4People". Es ergänzt die in der DSGVO festgelegten Prinzipien zu Transparenz, informationeller Selbstbestimmung und unverletzlicher Privatheit. Ähnliche Bestimmungen gibt es in Papieren, die meist von Verbänden verabschiedet wurden, zu Maschinenethik, Roboterethik, Ingenieursethik, Corporate-Digital-Responsibility, Big-Data-Kodex u.v.m.

Auch haben etliche Unternehmen eigene KI-Kodizes entwickelt; Vorreiter waren SAP, Google, Salesforce, Bosch und die Deutsche Telekom. Darin finden sich Vorgaben, wie man in der KI-Entwicklung die „Black Box" kontrollieren, also weniger „black" machen kann, bis hin zu Grenzen in der Anwendung. Sozio-Informatikerin Katharina Zweig spricht „von der langen Kette der Verantwortlichkeiten"[6], die nur an wenigen Stellen technisches Wissen erfordere. Viel wichtiger seien gesunder Menschenverstand, gesellschaftlicher Diskurs und: berufliches Ethos.

---

[6] Zweig, Katharina: Ein Algorithmus hat kein Taktgefühl: Wo künstliche Intelligenz sich irrt, warum uns das betrifft und was wir dagegen tun können, Heyne, 2019

KI IN DER KOMMUNIKATION: ETHISCHE HERAUSFORDERUNGEN

In der Kommunikationsbranche gibt es seit langem Leitlinien für ethisches Verhalten. Der Deutsche Rat für Public Relations (DRPR), ein von den wichtigsten Branchenverbänden getragenes Organ zur Selbstkontrolle, hat im Kommunikationskodex die wichtigsten Normen und Zielwerte für eine verantwortungsvolle Kommunikation festgelegt: Transparenz, Integrität, Fairness, Wahrhaftigkeit, Loyalität und Professionalität. Der Kodex wurde erweitert um eine Online-Richtlinie, die unter anderem Absendertransparenz bei Kommentaren, Mobilisierungsplattformen oder Produktzusendungen vorschreibt. Auch die Grenzen von Socialbots werden thematisiert.

Kodizes sind ein Kompass für ethisches Verhalten.

Das vom Weltethos-Institut und der Agentur Storymaker in Tübingen initiierte Projekt „Responsible Communication" hat auf seiner ersten Sitzung eine intensive Auseinandersetzung über die Entwicklung und Anwendung von KI in der Kommunikationsbranche gefordert. Als Entwurf wurde folgender 8. Leitsatz beim DRPR eingereicht:

„PR- und Kommunikationsfachleute setzen neue Technologien wie künstliche Intelligenz verantwortungsbewusst ein: D. h. sie schätzen vorher mögliche negative Konsequenzen nach bestem Wissen und Gewissen ab und verzichten im Zweifelsfall auf deren Einsatz. Den Einsatz von KI kennzeichnen sie stets als solchen: Der Empfänger muss stets wissen, ob der Kommunikator menschlich oder künstlich ist. Falls der Kommunikator künstlich ist, muss der Empfänger sich darüber informieren können, über welche Eigenschaften und Fähigkeiten der künstliche Kommunikator verfügt und zu welchem Zweck er eingesetzt wird."

Die Projektpartner sind sich einig, dass ein formulierter Wert noch lange nicht zu verantwortungsvollem Handeln führt. Oft sind Kodizes nichts mehr als zahnlose Tiger. Wichtig ist jedoch, dass die Branche sich damit auseinandersetzt, solange noch Gestaltungsspielraum besteht. Denn

die Technik entwickelt sich schneller als die Forschung
– was auch dazu führt, dass die Technik mystifiziert wird
und Risiken identifiziert werden, die bei genauerem Hin-
sehen auch schon vor KI bestanden. Diskriminierende
Äußerungen über Frauen oder andere gesellschaftliche
Gruppen sind keine KI-Erfindung. Auch Filterblasen und
Echokammern gab es schon vor den sozialen Medien. Eine
reflektierte Analyse hat die Chance, dass Unternehmen
ihre Kommunikationskompetenz insgesamt auf den Prüf-
stand stellen und mit der Digitalisierung auch die Humanität gewinnt.

Studien belegen: KI in der Kommunikation birgt ethische Herausforderungen, die es zu erforschen und meistern gilt.

STUDIE:
EIN NEUES KONZEPT FÜR DIE KOMMUNIKATIONSETHIK

Wie ist der aktuelle Forschungsstand zur ethischen Dimension von KI in der Kommunikation? Kristin Hansen
hat für ihre Masterarbeit „Künstliche Intelligenz in der
strategischen Kommunikation" an der Universität Leipzig
eine Studie durchgeführt, an der auch Projektpartner von
„Responsible Communication" teilgenommen haben. Die
Ergebnisse im Überblick:[7]

- Der Einsatz von KI bringt sowohl auf der Makro- als
  auch der Meso- und Mikroebene ethisch kritische
  Herausforderungen mit sich (siehe Abbildung S. 77).

- Innerhalb der Kommunikationsperspektive geht es z. B.
  zunehmend um die Intransparenz des Absenders und
  den damit verbundenen Vertrauensverlust. Daher müsse
  man verstärkt differenzieren, ob man eine Interaktion
  mit einem Artefakt, beispielsweise einem Softbot, oder
  mit einem echten Interaktionspartner habe.

- Auf der Makroebene wurden Möglichkeiten zur
  Meinungsmanipulation sowie Personalisierungs- und
  Profilierungstendenzen als herausfordernd identifiziert.
  Genauso herausfordernd scheinen jedoch KI-gestützte

---

[7] Kristin Hansen, https://www.cmgt.uni-leipzig.de/unterseiten/news-archiv/news-details/article//
auszeichnung-9.html (letzter Zugriff: 11.02.2021)

Ethische Herausforderungen von KI für die Kommunikation

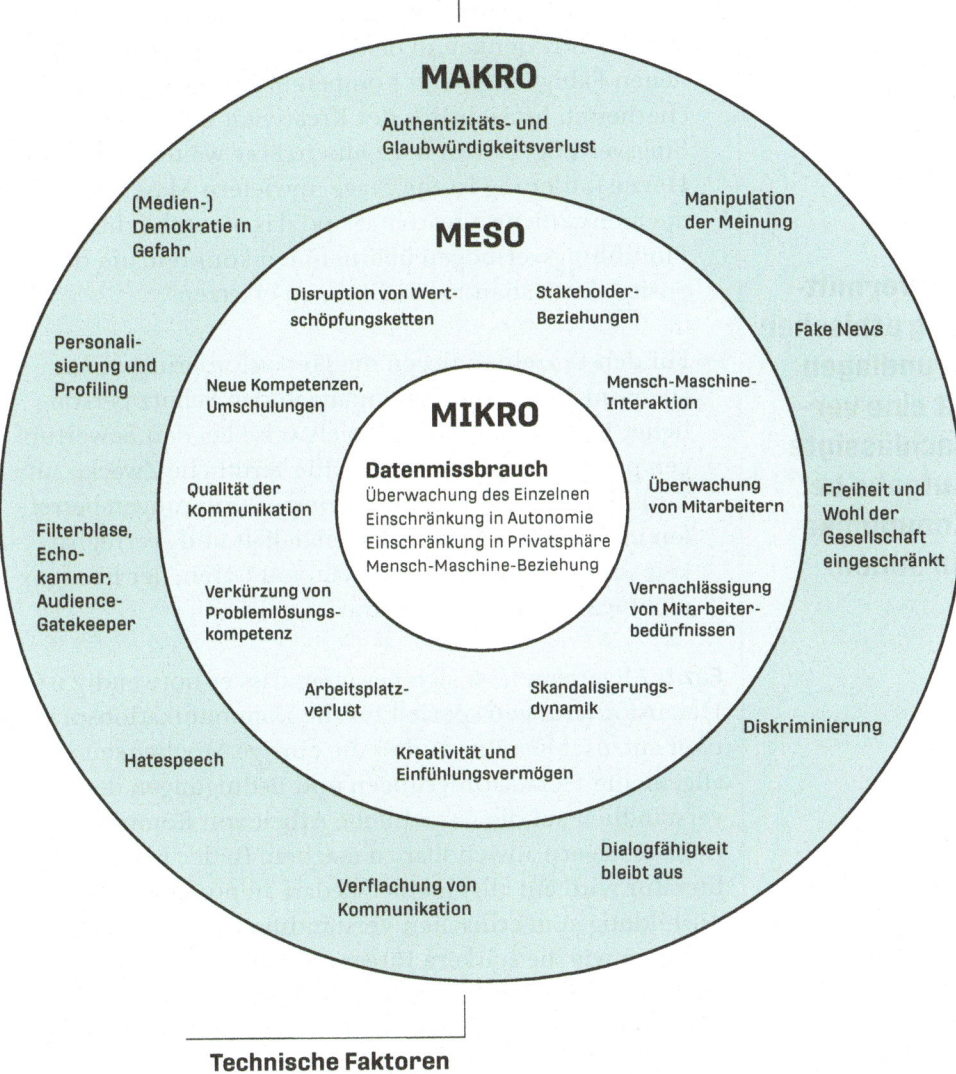

Grundprinzipien

- Intransparenz (des Absenders)
- Erklärbarkeit und Nachvollziehbarkeit
- Entscheidungs- und Verantwortungsübernahme
- Bedeutungsverlust Sender – Empfänger

MAKRO

Authentizitäts- und Glaubwürdigkeitsverlust

(Medien-) Demokratie in Gefahr

Manipulation der Meinung

MESO

Disruption von Wertschöpfungsketten

Stakeholder-Beziehungen

Fake News

Personalisierung und Profiling

Neue Kompetenzen, Umschulungen

Mensch-Maschine-Interaktion

MIKRO

Datenmissbrauch
Überwachung des Einzelnen
Einschränkung in Autonomie
Einschränkung in Privatsphäre
Mensch-Maschine-Beziehung

Qualität der Kommunikation

Überwachung von Mitarbeitern

Freiheit und Wohl der Gesellschaft eingeschränkt

Filterblase, Echokammer, Audience-Gatekeeper

Verkürzung von Problemlösungskompetenz

Vernachlässigung von Mitarbeiterbedürfnissen

Arbeitsplatzverlust

Skandalisierungsdynamik

Diskriminierung

Hatespeech

Kreativität und Einfühlungsvermögen

Dialogfähigkeit bleibt aus

Verflachung von Kommunikation

Technische Faktoren

- Wahrheitsgehalt von Daten
- Zielgruppenkonforme Daten
- Technische Klassifikation
- Datenvielfalt und Verfügbarkeit

Quelle: Masterarbeit „Künstliche Intelligenz in der strategischen Kommunikation", Kristin Hansen

Funktionen wie Fake News und Troll-Kommunikation sowie andere intolerante Kommunikationsmuster zu sein, die Phänomene wie Filterblasen, Echokammern und Gatekeeping des Publikums unterstützen.

— Auf institutioneller Ebene konzentrieren sich die ethischen Bedenken in erster Linie auf den Bedarf an neuen Fähigkeiten und Kompetenzen sowie auf Unsicherheiten hinsichtlich der Kreativität und des Einfühlungsvermögens von Maschinen. Eine weitere relevante Herausforderung ist die Frage, inwiefern Maschinen die menschliche Kreativität und das menschliche Einfühlungsvermögen übernehmen könnten, um den positiv-kritischen Journalisten zu ersetzen.

— Für den Einzelnen liegen die Herausforderungen vor allem im Missbrauch und mangelnden Schutz persönlicher Daten. Dies tritt beispielsweise bei den Bewertungen privater Kommunikation für berufliche Zwecke auf. Ethisch kritische technische Herausforderungen betreffen im Wesentlichen die Datenvielfalt und -verfügbarkeit sowie den Wahrheitsgehalt von Daten, der häufig nicht garantiert werden kann.

Die Vermittlung ethischer Grundlagen ist eine vernachlässigte Aufgabe bei Kommunikator:innen.

Fazit: Allgemein lässt sich betonen, dass es notwendig ist, Herausforderungen speziell für die Kommunikationspraktiker aufzuschlüsseln, da dies die einzige Möglichkeit ist, allgemeine Herausforderungen und Bedingungen der KI verständlich auf die tatsächliche Arbeit von Kommunikationsmanagern anwendbar zu machen. In der Forschungsliteratur wird ein allgemeiner Bedarf an professioneller Ausbildung zum ethischen Verständnis von Technologien wie KI sowie die stärkere Integration ethischer Richtlinien konstatiert, verbunden mit der Aufforderung, dass sich Akteure der Kommunikationsbranche zunehmend mit Fragen der Verantwortung und den Erwartungen an das Gemeinwohl auseinandersetzen.[8]

---

[8] Altmeppen, K.-D., Bieber, C., Filipović, A., Heesen, J., Neuberger, C., Röttger, U., (. . .), Thomas, T.: Öffentlichkeit, Verantwortung und Gemeinwohl im digitalen Zeitalter. Publizistik, 64(1), 59–77, 2018

WORKSHOP

Für „**VERANTWORTUNGSVOLLE KOMMUNIKATION IM KI-ZEITALTER**"
gibt es 3 Workshop-Module:

Workshop-Modul 1 bietet Ihnen einen allgemeinen Überblick über KI in der
Kommunikation und ihre ethischen Herausforderungen – Grundprinzipien
und Kodizes, Transparenz und Nachvollziehbarkeit, Kontroll- und Glaubwür-
digkeitsverlust, Aufgaben und Rollen der Kommunikatoren im Wandel.
Im **Workshop-Modul 2** entdecken Sie die Potenziale der KI für Ihre eigenen
Prozesse in der Kommunikation und entwickeln KI-Anwendungen nach
ethischen Aspekten.
Workshop-Modul 3 konzentriert sich auf die ethischen Grauzonen bei Social
Media und Chatbots.

CHECKLISTE

1. **Lernen und sich informieren:**
   - Verschaffen Sie sich ein allgemeines, klares und entmystifiziertes Verständnis von KI
   - Werden Sie sich bewusst über Chancen, Risiken und Veränderungen von und durch KI in der Kommunikation
   - Kennen und verstehen Sie die Relevanz von KI für die Unternehmensstrategie und für einzelne Abteilungen
   - Vermitteln Sie KI nach Innen und Außen

2. **Ethische Fallstricke erkennen und Leitlinien erstellen**
   - Seien Sie sich über Diskriminierungen und Manipulationen bewusst
   - Sensibilisieren Sie die Fach- und Führungskräfte für ethische Herausforderungen und hinterfragen Sie Auswirkungen

   - Beteiligen Sie sich an der Entwicklung ethischer Richtlinien für den KI-Einsatz

3. **Potenziale identifizieren und ethische Kontrapunkte setzen**
   - Identifizieren Sie die Potenziale der KI für die kommunikationstypischen Prozesse und Aufgaben
   - Bestimmen Sie die digital-humane Schnittstelle und ziehen Sie die Grenzlinien für Algorithmen und Datennutzung
   - Wenden Sie beim KI-Einsatz in der Kommunikation ethische Prinzipien an
   - Formulieren Sie ethische Leitlinien für Ihre Kommunikation im „KI-Zeitalter"

4. **Realisieren und reflektieren**
   - Schauen Sie in die Black Box: Woher

kommen die Daten und Inhalte, wer hat sie zu welchem
Zweck generiert
- Hinterfragen Sie die Individualisierung von Inhalten
und achten Sie auf den Schutz privater Daten
- Sorgen Sie für Transparenz und Glaubwürdigkeit
auch bei (teil-)automatisierter Kommunikation
- Wirken Sie Hatespeech, Bias, Fake News,
Filterblasen entgegen
- Bewerten Sie beim Einsatz von KI die Nachteile und
negativen Folgen

All dies erfordert Experimentierfreude und die Bereitschaft,
aus Fehlern zu lernen. Irrtümer und Fehltritte von KI-Syste-
men machen schnell medial die Runde. Doch Hand aufs Herz:
Welcher Mensch ist unfehlbar? Wenn wir verstehen, warum
eine Maschine zu einem Ergebnis kommt, das uns nicht gefällt,
haben wir etwas gelernt – am Ende auch über uns selbst.

LEKTÜRETIPPS

- Bernhard Pörksen,
  Wege aus der kollektiven Erregung
  Carl Hanser Verlag GmbH Co KG, 2018

- Claudia Paganini,
  Werte für die Medien(ethik)
  Nomos Verlag, 2020

- Armin Sieber,
  **Dialogroboter, Wie Bots und künstliche Intelligenz Medien
  und Massenkommunikation verändern**
  Springer-Verlag, 2019

- Ulrich Hemel,
  Kritik der digitalen Vernunft
  Verlag Herder GmbH, 2020

KULTURELLE VIELFALT: HERAUS- FORDERUNG ODER GEWINN? – CHANCE!
ÜBER VERANTWORTUNGSVOLLEN TRANSKULTURELLEN DIALOG

Lena Zoller und Verena Brenner

Was gibt es Besseres als Win-win-Situationen? Wie wäre es, wenn Ihr Unternehmen durch „Cultural Diversity Management" sowohl an Attraktivität gegenüber (zukünftigen) Mitarbeitenden als auch selbst an Profitabilität und Zukunftsfähigkeit hinzugewänne? Lesen Sie im folgenden Artikel, warum es hierfür gemeinsame Werte braucht. Gewinnen Sie neue Impulse, wie Sie ethnische Vielfalt und Chancengerechtigkeit in Ihrem Unternehmen steigern können und welche konkreten Vorteile Ihnen diese einbringen.

Vielleicht kennen Sie das: Morgens um 7:00 Uhr (CET/MEZ) findet das erste Online-Meeting statt. Die Gesprächspartner*innen in Südkorea sind zu dieser Zeit schon längst aus der Mittagspause zurück. Am Nachmittag steht ein Call mit Kolleg*innen in den USA an, die soeben erst mit dem Arbeitstag begonnen haben. Ein ganz normaler Alltag eines Mitarbeitenden in einem weltweit agierenden Unternehmen. Menschen aus verschiedenen Ländern arbeiten aber nicht nur über die Landesgrenzen hinweg zusammen. Auch innerhalb Deutschlands gehört der Umgang mit Kolleg*innen und Kooperationspartner*innen aus verschiedenen kulturellen Traditionen heutzutage zum Tagesgeschäft von Unternehmen und Konzernen. Gesellschaftliche Phänomene wie die rasant zunehmende transnationale Migration führen dazu, dass lokal und global agierende Unternehmen eine Vielfalt von Menschen mit unterschiedlichen kulturellen Traditionen beschäftigen.

Bei Unternehmen mit besonders ausgeprägter ethnischer Vielfalt steigt die Wahrscheinlichkeit, überdurchschnittlich profitabel zu sein, um

33 %.[1]

Dort, wo Menschen mit unterschiedlichen kulturellen Prägungen zusammenarbeiten, treten leicht Missverständnisse auf. Geschäftspartner*innen erscheinen nicht (pünktlich) zum verabredeten Termin – ohne jede Entschuldigung – die Verständigung wird aufgrund der unterschiedlichen Mentalitäten und Sprachen erschwert, und ab und zu irritiert das nonverbale Verhalten von Mitarbeitenden gegenüber Kolleg*innen des anderen Geschlechts oder einer anderen Hierarchiestufe.

In globalen Unternehmen sind Menschen Teil eines kulturübergreifenden Netzwerkes. Kulturelle Prägungen und religiöse Überzeugungen beeinflussen das Verhalten der Menschen im Kleinen wie im Großen, im Privaten wie im Öffentlichen. Deswegen bedarf es für einen verantwortungsvollen transkulturellen Dialog einer gemeinsame Haltung, die auf gemeinsamen Werten basiert.

---

[1] McKinsey & Company Studie: "Delivering through Diversity",
URL: https://www.mckinsey.com/~/media/mckinsey/business%20functions/organization/our%20insights/delivering%20through%20diversity/delivering-through-diversity_full-report.pdf. 2018. (letzter Zugriff: 12.11.2020)

PROJEKT WELTETHOS UND TRANSKULTURELLER DIALOG

Das Thema Diversity ist bei Mitgliedern der Generation X und Y fest verwurzelt und ist entsprechend hoch auf der persönlichen Prioritätenliste angesiedelt.[2]

34,8 %

finden deutsche Unternehmen sind nicht tolerant und vielfältig aufgestellt.[2]

Professor Dr. Hans Küng, der Initiator des „Projekt Weltethos", ist davon überzeugt, dass es gemeinsamer Spielregeln bedarf, wo immer Menschen friedlich zusammen leben – und auch arbeiten – wollen.[3] Sein Projekt Weltethos ist das Resultat dieser Suche nach einem ethischen Nenner, nach verbindenden Werten und Haltungen aller Menschen, unabhängig ihrer religiösen und auch philosophischen Überzeugungen. Bereits in den 1980er-Jahren hat Hans Küng erkannt, dass die (Arbeits-)Welt vernetzter wird. Für ihn war klar, dass diese Entwicklung Herausforderungen mit sich bringen wird, und die entscheidende Frage für die Zukunft lautet, wie ein gutes und friedliches Zusammenleben aller Menschen, Völker und Nationen aussehen kann.

Ein viel zitierter von ihm geprägter Slogan hat nicht an Bedeutung verloren: „Kein Frieden unter den Nationen ohne Frieden unter den Religionen. Kein Frieden unter den Religionen ohne Dialog zwischen den Religionen. Kein Dialog zwischen den Religionen ohne gemeinsame ethische Werte und Standards."[4] Die interkulturelle Kommunikation ist demnach eine wesentliche Voraussetzung, um die zwei Prinzipien Menschlichkeit und Gegenseitigkeit sowie die fünf Weltethos-Werte Gewaltlosigkeit, Gerechtigkeit, Wahrhaftigkeit, Partnerschaftlichkeit und ökologische Verantwortung zu leben. Das Projekt Weltethos beschränkt sich dabei nicht auf Individualethik. Es gilt jederzeit für alle Menschen, Gesellschaften und Institutionen – auch für Wirtschaftsunternehmen.[5] Und für ein gelingendes, reibungsloses Miteinander ist ein Mindestmaß an Kenntnissen von- und übereinander vorausgesetzt. Darüber hinaus ist auf allen Seiten Toleranz, aber auch Sensibilität und Offenheit notwendig.[6]

---

[2] Marktforschungsunternehmen respondi: Die truffls Studie zur Wahrnehmung von Diversity in deutschen Unternehmen. URL: https://www.datocms-assets.com/22239/1594295234-trufflsvielfalt2020whitepaper.pdf. 2020. (letzter Zugriff: 13.11.2020)

[3] Vgl. Küng, Hans: Handbuch Weltethos. Eine Vision und ihre Umsetzung. 2. Aufl. Piper. 2017. S. 45ff.

[4] Ebd. S. 13.

[5] Ebd. S. 29.

[6] Vgl. Schlensog, Stephan: Weltethos als „pädagogisches" Projekt. In: Küng, Hans: 2017. S. 132.

Weltethos und solidarisches Wirtschaften gehören zusammen. Das Anliegen von Weltethos ist es, den Fokus auf die Gemeinsamkeiten, auf Konvergenzen in Fragen des Ethos zu legen, dabei aber die Unterschiede – auch die kulturellen – nicht zu ignorieren. Eine solche Verständigung auf gemeinsame Werte ist der Ausgangspunkt für ein gelingendes Zusammenarbeiten und Zusammenleben und für einen konstruktiven transkulturellen Dialog.

GELEBTE VIELFALT IN UNTERNEHMEN

Die Anerkennung von kultureller Vielfalt ist für einen verantwortungsvollen transkulturellen Dialog die wichtigste Voraussetzung, auf die weitere Aktionen folgen können. Nur wenn Heterogenität und Vielfalt als positive Werte verstanden werden, kann das Potenzial von Diversität gewinnbringend genutzt werden. Dies geschieht in einem fortlaufenden Lernprozess sowohl für Individuen als auch für Organisationen und findet im täglichen Geschäftsverhalten statt.

Kulturelle Prägungen sowie verbale und nonverbale Kommunikationsmuster beeinflussen unsere Wahrnehmung und unser Verhalten. Um kultursensibel führen und miteinander arbeiten zu können, muss sich die Führungsebene, aber auch die gesamte Belegschaft, über die eigenen Werte sowie über die Unternehmenswerte bewusst sein. Entsprechend müssen individuelle Vorurteile und Stereotypen gegenüber bestimmten Personengruppen thematisiert werden. Unternehmen sollten Räume schaffen, damit alle in der Organisation beteiligten Menschen die eigene Haltung und das individuelle Handeln immer wieder reflektieren und neu ausrichten können. Nur so werden Hindernisse bei der Zusammenarbeit aufgebrochen und Vertrauen aufgebaut.

Die folgenden Beispiele zeigen Maßnahmen für die Planung, Einrichtung und Kontrolle in Unternehmen auf, die den transkulturellen Dialog und ein gutes Miteinander im Sinne von Teilhabe, Chancengerechtigkeit und Antidiskriminierung von Minderheiten fördern können. Darüber hinaus bietet das Workshop-Modul „Kulturelle Vielfalt im Unternehmen: Herausforderungen annehmen, Chancen

58,3 %

aller Teilnehmer*innen [sind] davon überzeugt, dass diverse Teams für innovativere Ergebnisse stehen, und

62,4 %

finden, dass sie kreativer arbeiten.[7]

ergreifen" weitere – auf Ihre Bedürfnisse abstimmbare
– Möglichkeiten, den transkulturellen Dialog in Ihrem
Unternehmen zu stärken.

FÜHRUNGSEBENE

Vor allem die Führungsebene von Unternehmen ist gefordert, andere Denk-, Glaubens- und Lebensweisen von
Mitarbeitenden zu erkennen, ernst zu nehmen und in den
Arbeitsalltag zu integrieren. Dafür bedarf es eines weiten,
professionellen Blicks und eines offenen Herzen. Werte wie Offenheit, Verständnis, Achtung, Zugehörigkeit,
Transparenz, Verständigung und Risikobereitschaft müssen in vollem Umfang von der Geschäftsführung unterstützt und gelebt werden.[9] Gewaltfreie Sprache gehört hier
genauso dazu wie transparente Kommunikation und ein
faires Miteinander. Multikulturelle Führungsteams begünstigen einen kultursensiblen Führungsstil. Sie stärken
insbesondere die Identifikation aller Mitarbeitenden mit
dem Unternehmen, unterstreichen den inklusiven Unter-
nehmenscharakter und können kompetent bei kulturellen
Fragestellungen unterstützen.

91,9 %
der Befragten
[geben] an, dass
sie Diversity Ma-
nagement für den
globalen Erfolg
ihres Unterneh-
mens als wichtig
einschätzen.[8]

Transkulturell sensible Führungskräfte können Mitarbeitende darin unterstützen, Unterschiede in der Zusammenarbeit rechtzeitig zu erkennen und zu überbrücken, die
sonst zu Effektivitätsverlusten bzw. Produktionseinbußen
führen. Darüber hinaus können sie die Werte und Traditionen religiöser Mitarbeitenden respektieren, indem sie
beispielsweise einen Raum der Stille zum Gebet und zur
Meditation zur Verfügung stellen, die jeweiligen Feiertage
beachten und ein spezifisches Essensangebot in der Kanti-
ne und bei Unternehmensfeiern bereitstellen.

---

[7] Marktforschungsunternehmen respondi: 2020.

[8] Page Group: Diversity Management Studie 2019. URL: https://www.charta-der-vielfalt.de/uploads/
tx_dreipccdvdiversity/Diversity%20Studie%202018.pdf. 2018. (letzter Zugriff: 13.11.2020)

[9] Vgl. Wieland, Josef: Wie kann man Werte managen? In: Küng, Hans; Leisinger, Klaus M.; Wieland,
Josef (Hrsg.): Manifest Globales Wirtschaftsethos. Konsequenzen und Herausforderungen für die
Weltwirtschaft. dtv. 2009. S.105.

Größter Nutzen von Diversity Management aus Sicht der Befragten: Offenheit und Lernfähigkeit der Organisation, wodurch ihre Zukunftsfähigkeit sichergestellt wird.[10]

PERSONALMANAGEMENT

In Deutschland schützt das Allgemeine Gleichbehandlungsgesetz (AGG) davor, dass Stellenausschreibungen Bewerber*innen wegen ihrer ethnischen Herkunft benachteiligen. Möglich ist aber, dass Firmen bei der Akquirierung von neuen Mitarbeitenden explizit bestimmte Gruppen von Menschen auffordern, sich zu bewerben.

Ein erster Schritt ist beispielsweise, wenn Unternehmen sich dazu entscheiden, durch Stellenanzeigen für kulturelle Vielfalt zu werben. Folgende Formulierungen können verwendet werden: „Wir wertschätzen Vielfalt und begrüßen daher alle Bewerbungen – unabhängig von Geschlecht, Nationalität, ethnischer und sozialer Herkunft, Religion/Weltanschauung, Behinderung, Alter sowie sexueller Orientierung und Identität" – oder „Bei uns zählt Ihre Leistung ebenso wie Ihre Persönlichkeit, unabhängig von Alter, Herkunft, Geschlecht, sexueller Identität, Behinderung oder Weltanschauung".[11]

Entscheidend ist jedoch, dass solche Aussagen tatsächlich auch umgesetzt werden. Studien zeigen, dass Stereotype und Vorurteile die Auswahl implizit beeinflussen. Daher ist eine Sensibilisierung der Mitarbeiter*innen in diesem Bereich zentral.

ORGANISATIONSENTWICKLUNG

Die Einführung von Maßnahmen zur kulturellen Vielfalt birgt Konfliktpotenzial und sollte nicht einfach „von oben" verordnet werden. Neben der Geschäftsführung und dem

---

[10] Charta-der-Vielfalt-Studie: Diversity in Deutschland. Studie anlässlich des 10-jährigen Bestehens der Charta der Vielfalt. URL: https://www.charta-der-viel-falt.de/fileadmin/user_upload/Studien_Publikationen_Charta/STUDIE_DIVERSITY_IN_DEUTSCHLAND_2016-11.pdf. 2016. (letzter Zugriff: 13.11.2020)

[11] Antidiskriminierungsstelle des Bundes: Diskriminierung in Stellenanzeigen. Studie zur Auswertung von Stellenanzeigen im Hinblick auf Diskriminierung, Ausschlussmechanismen und positive Maßnahmen. URL: http://www.antidiskriminierungsstelle.de/SharedDocs/Downloads/DE/publikationen/Expertisen/Stellenanzeigen.pdf?__blob=publicationFile. 2018. (letzter Zugriff: August 2020). S. 35.f.

Personalmanagement sollten auch alle weiteren Mitarbeitenden eine offene Haltung gegenüber Vielfalt leben. Gleichzeitig dürfen Menschen, die einer Minderheit im Unternehmen angehören, nicht nur auf ihre Herkunft beschränkt wahrgenommen werden.

Maßnahmen zur kulturellen Vielfalt sollten im Rahmen einer systematischen Organisationsentwicklung eingeführt werden, um Führungskräfte und Beschäftigte für die Veränderung zu gewinnen. Training, Supervision und Mentoring unterstützen beispielsweise die Sensibilisierung für den Umgang mit Unterschieden und legen den Fokus auf die Gemeinsamkeiten.

DIVERSITY ALS ERFOLGSGARANT

Gelebte kulturelle Vielfalt in Unternehmen ist keine Bedrohung, sondern birgt ein großes Potenzial, indem sie soziale Verantwortung und erfolgreiches wirtschaftliches Handeln in Einklang bringt. Gutes Diversity Management stärkt die interkulturellen Kompetenzen der einzelnen Mitarbeitenden und macht sie – und damit auch das gesamte Unternehmen – lern- und zukunftsfähig. Ein kultursensibler Unternehmensgeist prägt über die Mitarbeitenden hinaus das gesellschaftliche Umfeld.

Multikulturelle Teams steigern die Kreativität und können helfen, in kulturell bisher fremden Kontexten neue Zielgruppen zu identifizieren und damit neue Märkte zu erschließen. Zudem unterstützen unterschiedliche Perspektiven eine flexible und offene Unternehmenskultur, tragen zu einer besseren Entscheidungsfindung bei und schaffen Raum für visionäres Querdenken und Innovationen.

WORKSHOP

KULTURELLE VIELFALT IM UNTERNEHMEN:
Herausforderungen annehmen, Chancen ergreifen
In diesem Workshop-Modul werden Möglichkeiten vermittelt, wie Vielfalt und Chancengerechtigkeit gefördert und ihre Vorteile konkret genutzt werden können. Dabei werden (kulturelle) Unterschiede und die damit verbundenen Herausforderungen nicht ignoriert, sondern vielmehr besprechbar und bearbeitbar gemacht. Über die Auseinandersetzung mit Stereotypen, Vorurteilen und Diskriminierung hinaus, lernen Teilnehmende Reflexionsmethoden und Diversity-Management-Tools kennen, die sie im eigenen beruflichen Alltag direkt einsetzen können.

CHECKLISTE

- Anerkennung von kultureller Vielfalt ist für einen verantwortungsvollen transkulturellen Dialog die wichtigste Voraussetzung: Wo wird diese Grundvoraussetzung in Ihrem Unternehmen sichtbar? Wird dies regelmäßig überprüft?

- Welche Haltung hat die Geschäftsführung in Bezug auf das Thema Diversität? Wird ein kultursensibler Führungsstil begünstigt? Überlegen Sie, wie Sie kurz- und langfristig einen solchen (verstärkt) etablieren können.

- Wie sieht Diversity Management in Ihrem Unternehmen insgesamt aus? Überprüfen Sie die Formulierungen in den Stellenanzeigen, auf der Homepage, in der Öffentlichkeitsarbeit Ihres Unternehmens.

- Systematische kulturelle Organisationsentwicklung: Versuchen Sie herauszufinden, wie Ihre Mitarbeiter*innen zu dem Thema stehen. Was wünschen sie sich von Ihnen und für sich?

- Wie kann die positive Wahrnehmung kultureller Vielfalt in Ihrer Belegschaft gefördert werden? Organisieren Sie bspw. einen gemeinsamen Betriebsausflug an einen Ort muslimischen Lebens in Ihrer Stadt oder führen Sie ein multikulturelles Training durch.

LEKTÜRETIPPS

- Anti-Bias:
  Info-Plattform zu Forschungen über und Strategien gegen unbewusste Vorurteile.
  (Unconscious Biases): www.anti-bias.eu

- Bolten, Jürgen:
  Unschärfe und Mehrwertigkeit:
  „Interkulturelle Kompetenz" vor dem Hintergrund eines offenen Kulturbegriffs.
  In: U. Hoessler; W. Dreyer (Hrsg.):
  Perspektiven interkultureller Kompetenz.
  Göttingen, Vandenhoeck & Ruprecht, 2011. S. 55–70.

- Dreas, Susanne A.:
  Diversity Management in Organisationen der Sozialwirtschaft. Eine Einführung.
  Wiesbaden, Springer VS, 2019.

- Kumbier, Dagmar; Schulz von Thun, Friedemann:
  Interkulturelle Kommunikation: Methoden, Modelle, Beispiele.
  Reinbek, Rowohlt, 2006.

- Küng, Hans:
  Anständig wirtschaften: Warum Ökonomie Moral braucht.
  München, Piper, 2010.

WERTE KOMMUNI-ZIEREN IN CHINA?

Theresa Stewart

Für viele Unternehmen in Deutschland birgt der asiatische Markt immense Chancen. Doch wie kommuniziert man in einem Land, das uns kulturell und auch politisch fremd ist? Der Beitrag beschränkt sich auf wenige Aspekte für eine wertschätzende Kommunikation in China.

In China ist so vieles anders: die Kommunikation, das Pressesystem, die sozialen Medien – natürlich die politischen und gesetzlichen Rahmenbedingungen. Unternehmen, die im Reich der Mitte den Weg zu Kund:innen und Mitarbeiter:innen finden wollen, müssen das Gemeinsame suchen.

WERTSCHÄTZUNG ERFORDERT ANERKENNUNG

Kommunikation beginnt auf der persönlichen Ebene: Wie begegne ich den Menschen? Auch wenn Tausende Kilometer die Zusammenarbeit zwischen Marketingkommunikationsteams erschweren, gibt es keine Alternative. Die Grundsteine sind: Verständnis, Beteiligung, gemeinsames Erarbeiten und Freiräume für lokale Kommunikation im Rahmen der Corporate Strategie.

ANERKENNUNG WÄCHST MIT DEM WISSEN

Kennen, erkennen, anerkennen. Wer in einer anderen Kultur, in einem anderen System, erfolgreich sein möchte, braucht Hintergrundwissen über die Geschichte, Kultur, Gesellschaft, idealerweise ein paar Sprachkenntnisse und, heutzutage für Unternehmen fast am wichtigsten, Kenntnisse über die sozialen Medien, Presse, aktuelle Trends und Themen. Der Alltag jedes Chinesen, jeder Chinesin ist

In China wird kaum zwischen privater und beruflicher Beziehung unterschieden.

weitaus digitaler als bei uns. Vielen Deutschen fällt es schwer, diese Fortschritte anzuerkennen.

MIT VERSTÄNDNIS AN GEMEINSAMEN WERTEN ARBEITEN

Was ist stärker: die Werte des Landes oder die Werte des Unternehmens? Das Thema geht weit über gemeinsames Design, einheitliches Logo, Visitenkarten etc. hinaus. Global agierende Unternehmen müssen eine gemeinsame Haltung entwickeln zu Grundfragen des Wirtschaftens und der Arbeit.

Aufgabe für Kommunikatoren ist es hier, Dialogfähigkeit zu fördern, und durch Auf- und Erklären der Unternehmensstory allen verständlich zu machen, woher wir kommen und warum wir so und nicht anders sind. Wertvorstellungen sind geprägt von Geschichte, Sprache, Mitmenschen, Kultur. Nur wer sich intensiv damit auseinandersetzt, kann beginnen zu verstehen und einen gleichberechtigten, ehrlichen Dialog führen.

CORPORATE COMMUNICATION VERMITTELT UND KLÄRT AUF

Andere Länder, andere Sitten: In China wird kaum zwischen privater und beruflicher Beziehung unterschieden – das erklärt wiederum die enorme Bedeutung von Social Media auch für das B2B-Marketing. Für Neulinge im Chinageschäft gleicht die Digitallandschaft des riesigen Landes einem Dschungel aus Video- und Livestreaming-Plattformen, Instant-Messaging-Apps, cloudbasierten Programmen, Bezahlsystemen mit Marketingoptionen. Man braucht professionelle Kommunikation, wenn eine Corporate Culture gelebt werden soll.

WORKSHOP

Das Workshop-Modul „**CHINAS KOMMUNIKATIONSLANDSCHAFT UND WERTE WESTLICHER UNTERNEHMEN**" erörtert, wie Pressearbeit in China funktioniert, und gibt Ihnen einen Überblick über die chinesischen sozialen Medien. Mit Beispielen aus der Praxis wird aufgezeigt, wie Sie Ihre Marke in China mit passendem Storytelling und auf den passenden Kanälen vermitteln können.

ZURÜCK ZUR HALTUNG

ACHTSAMKEIT IN DER KOMMUNIKATIONSBRANCHE

Jenni Werner

Deadlines, eine Vielzahl zu bedienender Kanäle und Interessen – die PR-Branche ist das Multitasking-Milieu schlechthin. Selbst bei hoher Verantwortungsbereitschaft geht die Moral daher häufig baden: Faktendehnung, Widersprüche oder Buzzword-Bingo sind die Folge, und damit Vertrauensverlust. Nun lernen Sie eine gute Methode kennen, um unter Druck an den in diesem Buch skizzierten Ansprüchen festzuhalten und Ihre professionelle Souveränität zu stärken. Spüren Sie Ihre klare Haltung mit drei Übungen und 15 Minuten Zeit.

© Der/die Autor(en), exklusiv lizenziert durch
Springer Fachmedien Wiesbaden GmbH, ein Teil von Springer Nature 2021
A. Tomfeah und H. Haug (Hrsg.), *Glaubwürdige Unternehmenskommunikation*,
https://doi.org/10.1007/978-3-658-34249-4_10

1. EINLEITUNG: WARUM WIR OFT SCHEITERN

Wir alle verstehen viel von Verantwortung und von Richtig oder Falsch. In den vorangehenden Kapiteln wurde praktisch aufgezeigt, welchen ethischen Herausforderungen die Kommunikationsbranche unterliegt. Wir kennen die zugrundeliegenden normativen Anforderungen auch aus den Ethikkodizes des Journalismus, allen voran Objektivität, Genauigkeit und Wahrhaftigkeit. Aber Studien über die Kommunikationsbranche zeigen nach wie vor verheerende Ergebnisse: In einer Bürgerbefragung in Deutschland im Jahr 2019 gaben 42 Prozent an, dass sie PRlern misstrauen. Nur 8 Prozent vertrauen uns. Und lediglich 14 Prozent der Befragten glauben, dass PR-Aktivitäten auf ethischen Prinzipien basieren.[1] Wie kann das sein?

> **Eine unbeliebte Wahrheit ist, dass uns häufig alltägliche Emotionen im Weg stehen.**

Eine unbeliebte Wahrheit ist, dass uns bei der Umsetzung allen guten Praxiswissens häufig immer noch alltägliche Emotionen im Weg stehen, auch dem erfahrenen Kommunikationsexperten: Kreative Eitelkeit, normative Unsicherheit, Angst vor Positionsbezug bis hin zur Antipathie gegen Personen oder Themen stören die verantwortungsvolle Kommunikation. Dazu kommen innere Spannungen durch Termindruck, unklare Aufträge, widersprüchliche Ansichten oder widerstreitende Interessen. Dann wird aus dem „Wissen wie" oft ein „Scheuklappen anlegen und durch". Damit scheitert „Responsible Communication".

2. DIE KLARE HALTUNG ALS VORAUSSETZUNG

Als guter Kommunikator braucht man daher zuallererst eine klare innere Haltung: Wer bin ich? Wie möchte ich als verantwortungsvoller Kommunikator sein? Was sind meine wichtigsten Werte? Und welche Rolle möchte ich in dem Diskurs um Deutungshoheit übernehmen?

Egal ob als PR-Berater oder Pressesprecher: Innere Klarheit ist der Ausgangspunkt für die Frage, ob man seiner Verantwortung gerecht werden kann oder nicht. Jedes Wissen

---

[1] Zerfass et.al. 2019.

um den sauberen Faktencheck, Best Practices der verantwortungsvollen Krisenkommunikation oder den gelingenden Stakeholderdialog verpufft, wenn Unkonzentriertheit oder Emotionen dominieren und man „jetzt einfach keinen Kopf mehr dafür" hat, an mehr als die Deadline zu denken.

Die nötige klare Haltung gewinnt man am einfachsten über Achtsamkeit. Achtsamkeit ist ein Konzept aus dem Buddhismus und wird im Kern verstanden als die Fähigkeit zur Präsenz und urteilsfreien Beobachtung. Im Westen wurde Achtsamkeit bekannt als Methode zur Stressprävention gemäß Jon Kabat-Zinn (Mindfulness-Based Stress Reduction, MBSR). Der vorliegende Ansatz zielt jedoch nicht allein auf die Reduktion von Stress, das ist ein Nebenprodukt. Die sogleich vorgestellten Übungen zielen auch nicht auf „Gewaltfreie Kommunikation" nach Marshall B. Rosenberg. Provokation ist erlaubt, manchmal nötig, um Position zu beziehen.

Schon kleine körperbasierte Methoden helfen Ihnen, wieder Klarheit zu finden.

Achtsamkeit zielt hier auf eine Manifestation des Anspruchs von Wahrheitsfindung und Positionierung als Grundhaltung des Kommunikators im Arbeitsalltag.

Dafür braucht es nur wenig Kopf, aber viel Gespür und etwas Körper. Schon kleine körperbasierte Methoden helfen Ihnen mit etwas Übung, wieder Klarheit zu finden, den ethischen und professionellen Kompass zu sehen und in komplexen Kommunikationssituationen den Überblick zu bewahren: Wo stehe ich gerade? Habe ich bereits Muster der Unwahrheit und Schönfärberei übernommen? Drücke ich mich eindeutig aus oder wähle ich Formulierungen, die leicht missverstanden werden können, um mich nicht festlegen zu müssen?

Wer Achtsamkeit praktiziert, kann besser Prioritäten setzen, Grenzen zwischen Richtig und Falsch ziehen und sich auf Wahrhaftiges fokussieren. Er wird ehrlicher, mutiger und kreativer.

Achtsamkeit ist damit ein ebenso einfacher wie effektiver Schlüssel zu verantwortungsvoller Kommunikation. Sie ist damit auch das Gegenstück zum hektischen Produzieren von Content, zu medialem Multitasking und digitaler Druckbetankung mit ungeprüftem Inhalt. Mithilfe von Achtsamkeit übernehmen Sie echte Gestaltungsmacht, anstatt äußeren Impulsen zu erliegen.

3. DREI ACHTSAMKEITSÜBUNGEN FÜR KOMMUNIKATOREN

Die folgenden drei Übungsschritte eröffnen Ihnen einen Weg, um im Alltag der Interessen- und Informationsflut immer wieder den Fokus auf „Responsible Communication" zu setzen. Sie konzentrieren sich auf die drei Kernwerte „Wahrheit", „Klarheit" und „Aufrichtigkeit".

Versuchen Sie es spielerisch. Die Übungen sind simpel, ebenso wie die zugrundeliegende These. Dafür sind sie im komplexen Berufsalltag umso wertvoller. Sie werden Ihnen dabei helfen, die innere Haltung (wieder) zu finden, die wir glauben, zu haben, obwohl wir sie im Alltag so oft verlieren.

Formulieren Sie in Ihren Worten die Intention, Verantwortung zu übernehmen.

ÜBUNG 1: Der starke Vorsatz
– Stellen Sie sich aufrecht hin. Schon das macht im Arbeitsalltag oft einen Unterschied. Die Beine sind hüftbreit aufgestellt, die Arme hängen seitlich am Körper.
– Schließen Sie Ihre Augen. Trauen Sie sich. Verweilen Sie einen bewussten Atemzug lang in Stille.
– Dann formulieren Sie in Ihren Worten die Intention, Verantwortung zu übernehmen, für „die Wahrheit", für eine aufrichtige und faktenbasierte Kommunikation: „Ich werde / bin / mache …"

Der Prozess der Achtsamkeit beginnt mit dieser Absicht. Schon der bewusste Vorsatz ist eine meditative Handlung. Jedes Mal, wenn wir uns etwas vornehmen, stärken wir unmerklich eine geistige Gewohnheit.[2]

---

[2] Vgl. Tan C.-M. et.al., 2014, S. 62-63.

Vielleicht haben Sie schon gespürt, wie sich Ihre Körperhaltung dabei verändert hat.

ÜBUNG 2: Der klare Fokus

– Nun richten Sie die Aufmerksamkeit wieder auf Ihren Körper. Bleiben Sie aufrecht stehen, der Kopf strebt Richtung Himmel, das Kinn kommt leicht zur Brust, die Schultern sinken entspannt nach hinten-unten.
– Fokussieren Sie Ihren Atem. Folgen Sie dabei einfach seinem Kommen und Gehen, ohne ihn zu beeinflussen (das ist am Anfang nicht leicht), bis Sie merken, dass Sie ganz entspannt sind. Das kann bis zu fünf Minuten dauern.
– Bodyscan: Richten Sie abschließend Ihre Aufmerksamkeit nacheinander auf folgende Körperteile: Stirn, Kiefer, Mund – Nacken, beide Schultern – Hände, Bauch – Hüfte, Beine, Füße.
– Öffnen Sie die Augen wieder.

Die Achtsamkeit für den Atem versetzt uns in den jetzigen Moment, jenseits unserer Denkmuster und Ideen. Sie verlangsamt den Gedankenstrom, schärft das Bewusstsein und öffnet für die Grundhaltungen der achtsamen Kommunikation: Anfängergeist, erst die Fakten erkennen, nicht gleich urteilen, klar und deutlich bleiben.

Der Bodyscan vertieft unsere Wahrnehmungsfähigkeit, Ruhe und Klarheit. Unser Körper ermöglicht uns, intuitiver zu spüren, wo etwas nicht stimmig ist. Wenn wir den Atem anhalten oder eine plötzlich Anspannung spüren, kann das ein Marker dafür sein, dass wir (oder andere) unserem Vorsatz nicht gerecht werden.

Vielleicht haben Sie gespürt, wie beim Bodyscan eine Anspannung aus einem Körperteil weicht, der Sie vorher nicht gewahr waren.

ÜBUNG 3: Die stabile Körperhaltung

– Bewegen Sie nun zunächst Ihren Körper kurz ein wenig durch, um ihn zu lockern und aufzuwärmen. Kreisen Sie die Hüften und Schultern. Trauen Sie sich ruhig. Finden Sie anschließend zurück in den hüftweiten Stand.

Die Achtsamkeit für den Atem versetzt uns in den jetzigen Moment, jenseits unserer Denkmuster und Ideen.

Versuchen Sie, Stabilität zu finden, und spüren Sie in sich hinein.

Virabhadrasana I: „Der gute Held I"

– Atmen Sie ein und machen Sie dabei vorsichtig mit dem Bein Ihrer Wahl einen ca. 1 bis 1,5 Meter weiten Schritt nach hinten.
– Der vordere Fuß ist flach am Boden und zeigt gerade nach vorn. Drehen Sie den hinteren Fuß um 45 Grad zur Seite aus, stellen Sie ihn flach ab und verlagern das Gewicht etwas auf die Fußaußenkante.
– Nun beugen Sie das vordere Knie langsam um 90 Grad.
– Stemmen Sie die Hände in die Hüften und drehen Sie sie möglichst parallel zueinander nach vorne (die hintere Hüfte kommt etwas nach vorne, die vordere nach hinten). Der Oberkörper ist gerade aufgerichtet. Versuchen Sie, Stabilität zu finden.

Asanas, die Sie aufrichten und ausbalancieren, stärken auch das Bewusstsein für Aufrichtigkeit und Wahrhaftigkeit.

- Nun heben Sie mit der nächsten Einatmung beide Arme langsam über die Seiten hoch zum Kopf, so dass sie parallel zueinander nach oben zeigen. Die Handflächen sehen sich an.
- Blicken Sie geradeaus und spüren Sie in sich hinein. Atmen Sie drei bis fünf Mal langsam und vollständig ein und aus. Die Schultern sinken nach hinten-unten, der Brustkorb öffnet sich.
- Lösen Sie die Haltung anschließend auf und spüren ihr nach.

Virabhadrasana II: „Der gute Held II"
- Kommen Sie erneut und achtsam in den „Helden I".
- Atmen Sie mit gestreckten Armen nochmals tief ein und drehen mit der Ausatmung dann die Hüften und den Oberkörper zur Seite des Beines, das nach hinten zeigt. Lassen Sie gleichzeitig die Arme zur Seite und auf halbe Höhe sinken, bis sie in 90 Grad mit den Hüften stehen.

- Strecken Sie die Arme weit aus. Die Handflächen zeigen zu Boden. Der Blick geht über die vordere Hand in die Ferne. Spüren Sie in die Haltung hinein.
- Atmen Sie drei bis fünf Mal langsam und vollständig ein und aus. Die Schultern sinken nach hinten-unten.
- Lösen Sie anschließend langsam auf und spüren Sie nach.

Wenn Sie sich nun anschließend wieder Ihren Aufgaben widmen, ist Ihr Blick auf manches womöglich verändert.

Sie werden merken, dass die Heldenstellungen etwas mit Ihnen gemacht haben. Die Körperhaltung (im Yoga „Asana") und das Körperempfinden sind enorm wichtig für das psychische Selbst. Asanas, die Sie aufrichten und ausbalancieren, wie der „Held", stärken auch das Bewusstsein für Aufrichtigkeit und Wahrhaftigkeit und stimulieren die schöpferische Kompetenz.

Vielleicht haben Sie im „Helden I" gespürt, was es heißt, sich zu zeigen und Position zu beziehen: Wozu kann ich stehen? Was ist meine aufrichtige, strapazierfähige Haltung? Vielleicht haben Sie im „Helden II" gespürt, wo die Ziellinie ist, wie sich Ihr Fokus verengt hat und die Bereitschaft zu neuen, mutigen Positionen geweitet.

Wenn Sie sich nun anschließend wieder Ihren Aufgaben widmen, ist Ihr Blick auf manches womöglich verändert: Wo habe ich zu dick aufgetragen? Wo zu wenig preisgegeben? Wo habe ich mich nicht getraut, die Sache auf den Punkt zu bringen, oder versucht, jemandem gerecht zu werden? Ist alles klar und eindeutig?

4. FAZIT

Unsere Profession – und damit wir selbst – stehen unter einem hohen Druck. Gute Organisationen brauchen gute Kommunikatoren, die die Kunst der klaren Haltung beherrschen, aktuell mehr denn je: In Zeiten des Diskurses über Fakten und Wahrheitsfindung liegt in Evidenz und Aufrichtigkeit die wohl größte strategische Chance für Organisationen. Das ist ethisch anspruchsvoll und braucht einen starken persönlichen Fokus. Hierfür kann Achtsamkeit ein großes Hilfsmittel sein.

In Zeiten des Diskurses über Fakten und Wahrheitsfindung liegt in Evidenz und Aufrichtigkeit die wohl größte strategische Chance für Organisationen.

Es mag irritieren, einen Achtsamkeitsbeitrag über fakten-basierte und wahrhaftige Kommunikation zu lesen – ein Ansatz, der über Stressbewältigung hinausgeht und über den kaum empirische Forschung existiert.[3] Die zugrunde-liegenden Weisheitslehren des Buddhismus und Yoga haben allerdings eine starke sozialethische Ausrichtung, die sich mit den hier vertretenen Grundhaltungen ver-antwortungsvoller Unternehmenskommunikation deckt. Das haben auch viele Firmen im Silicon Valley erkannt, die sich seit Jahren auf Konferenzen wie Wisdom 2.0 in Acht-samkeit üben, um ihr Betriebsklima zu verbessern – nicht ohne die Kritik, den Ansatz für kommerzielle Zwecke zu instrumentalisieren.

Im Zweifelsfall machen Ihnen die hier vorgestellten Acht-samkeitsübungen einfach Spaß und helfen Ihnen beim Ent-spannen. Doch ich bin überzeugt: Wie in anderen Feldern hilft auch dem Kommunikator das regelmäßige Einflechten der hier skizzierten Körperübungen in den Arbeitsalltag dabei, das Gespür für die Verantwortung der eigenen Arbeit und deren entsprechende Umsetzung zu bewahren, mag diese noch so komplex erscheinen.

Der Kern ist immer das eigene Ethos, auf welchem Feld der Unternehmenskommunikation es auch zum Tragen kommt. Mit fortlaufender Übung werden Sie bestimmt merken, dass sich Ihre Intuition für Glaubwürdigkeit schärft und dass Ihnen Klarheit und Eindeutigkeit leichter von der Hand gehen.

Wer seine Rolle als Mitgestalter ernst nimmt und nicht nur Multiplikator politisch korrekter Mainstream-Botschaften sein will, für den kann ich Achtsamkeitstechniken als ein starkes Tool empfehlen.

---

[3] Während seit etwa 15 Jahren Achtsamkeit als Mittel zur Stressbewältigung auch in der Arbeitswelt praktiziert wird (u.a. Google, Siemens, SAP), gibt es noch wenig Forschung über ihr Potenzial im Kontext moderner Organisationsentwicklung. Eine gute Grundlage liefert Michael Schwalbach, 2016.

WORKSHOP

Das Workshop-Modul „**ACHTSAMKEIT IN DER KOMMUNIKATIONS-BRANCHE**" richtet sich an PR- und Kommunikationsverantwortliche aller Ebenen. Er vermittelt körperbasierte Techniken, um im Alltag aus Informations- und Interessenflut Orientierung zu behalten und einen professionellen ethischen Kompass zu entwickeln. Anhand zentraler Achtsamkeitsübungen aus dem Buddhismus und einigen effektiven Übungen aus dem Yoga trainieren wir die starke eigene Haltung als Basis allen erfolgreichen Handelns. Ausgangspunkt ist der Anspruch von Wahrheitsfindung und Positionierung als Grundhaltung des „guten" Kommunikators.

LEKTÜRETIPPS

- Klein, Mechthild:
  Kritik an der Achtsamkeitsbewegung: Von innen ruhig, nach außen kampfbereit.
  In Deutschlandfunk.de: https://www.deutschlandfunk.de/kritik-an-der-achtsamkeitsbewegung-von-innen-ruhig-nach.886.de.html?dram:article_id=373136
  2016 (letzter Zugriff: 30.10.2020)

- Schneider, Maren:
  Der kleine Alltagsbuddhist.
  Gräfe und Unzer, 2013

- Schwalbach, Michael:
  Yoga und Meditation für Führungskräfte.
  Einführung in die uralte Weisheitslehre Yoga für eine bessere Führungsqualität.
  Springer, 2016

- Skuban, Ralph:
  Patanjalis Yogasutra. Der Königsweg zu einem weisen Leben.
  Arkana, 2011

- Tan, Chade-Meng et. al.:
  Search Inside Yourself.
  The Unexpected Path to Achieving Success, Happiness (and World Peace).
  HarperOne, 2014

- Zerfass, Ansgar et al.:
  Trust in communicators. How the general population trusts journalists, public relations professionals, marketeers and other communicators: A comparative study in Germany, Italy and the United Kingdom.
  EUPRERA, 2019

AUTOR:INNEN

Klaus Peter Betz

Klaus Peter Betz ist geschäftsführender Gesellschafter der Kommunikationsagentur ecomBETZ PR GmbH in Schwäbisch Gmünd und Weltethos-Ambassador der ersten Stunde. In seiner kommunikativen Beraterpraxis hat er die Theorie des klassischen Markenmodells systematisch um die ethische Dimension sowie den Purpose-Aspekt erweitert.

1—14

81—88

Verena Brenner

Verena Brenner (MA) ist freiberufliche transkulturelle Trainerin, Konfliktberaterin und Mediatorin. Sie verfügt über einen umfassenden Wissens- und Erfahrungsschatz zu transkultureller Kommunikation, Diversity Management, globalem Lernen und konstruktiver Gesprächsführung. In ihrer Seminargestaltung verbindet sie auf abwechslungsreiche Weise Praxisbezug mit fachlicher Tiefe und geht kompetent, einfühlsam und flexibel auf die spezifischen Herausforderungen ihrer Teilnehmer*innen ein.

Uta-Micaela Dürig

Uta-Micaela Dürig (1964) war 21 Jahre in führenden Funktionen in Unternehmen wie ABB AG und RWE AG tätig. Vom 1. Januar 2004 bis Ende September 2014 leitete sie die weltweite Bosch-Konzernkommunikation mit den Bereichen Sustainability und Brand Management. Am 1. Oktober 2014 wechselte sie zur Robert Bosch Stiftung, bei der sie fünf Jahre, zuletzt als stellvertretende Vorsitzende der Geschäftsführung, tätig war. Seit 2019 berät sie u.a. Wirtschaftsunternehmen beim Aufbau von Sustainability-Strukturen, Change- und Integrationsmanagement-Prozessen sowie zum Krisenmanagement. Darüber hinaus lehrt Uta-Micaela Dürig Kommunikationsmanagement sowie Stiftungsmanagement an Hochschulen. Sie hält verschiedene Mandate in Aufsichtsräten und Kuratorien von Stiftungen und Hochschulen inne. Uta-Micaela Dürig ist verheiratet und hat eine Tochter.

15—24

Ina Dürig

Ina Dürig (1994) schloss ihr Masterstudium der Unternehmenskommunikation und PR im Oktober 2020 an der Johannes Gutenberg-Universität Mainz erfolgreich mit einer Masterthesis mit dem Titel „Haltung zeigen. Strategische gesellschaftspolitische Positionierung als Aufgabe der Unternehmenskommunikation" ab. Während ihres Studiums gestaltete sie als Stellvertretende Vorsitzende die Entwicklung der studentischen PR-Initiative kommoguntia e.V mit und war als Werkstudentin bei der Landesstiftung „Miteinander in Hessen", der Kommunikationsberatung Lautenbach Sass und dem Start-up Vicampo GmbH tätig. Heute arbeitet sie als Junior Consultant bei Klenk & Hoursch. Ina Dürig ist die Nichte von Uta-Micaela Dürig.

Dr. Matthias Ernst

Dr. Matthias Ernst ist Autor und Redakteur bei der Tübinger Agentur Storymaker und Weltethos-Ambassador. Er begann seine Laufbahn als freier Journalist und Kommunikationsberater, heute produziert er Content mit Fokus auf Technologie und moderiert den Cyber-Podcast, der die Auswirkungen von KI auf die Kommunikationsbranche beleuchtet. Ihm liegt in der Kommunikation eine ausgewogene Balance zwischen effektiver Persuasion und vertrauenswürdiger Information am Herzen.

25—36

69—80

Heidrun Haug

Heidrun Haug ist geschäftsführende Gesellschafterin der Storymaker GmbH. 2001 hat sie mit ihrem Hintergrund als Technologiejournalistin die Agentur gegründet, um Prinzipien des Journalismus (authentische, belegte Berichterstattung) mit der PR-Arbeit zur Erhöhung der Wahrnehmung für Technologieunternehmen zu verknüpfen. Früh setzte sie auf Storytelling als glaubwürdiges Mittel der PR und auf eine wertebasierte Unternehmenskultur. Sie ist Weltethos-Ambassador.

Mark Pelzer

Mark Pelzer, 46 Jahre, ist Mitgründer und Geschäftsführer der 30-köpfigen Agentur DIE KAVALLERIE GmbH (GWA Agentur – Deutschlands führende Agenturen) mit Sitz in Tübingen. Seit 20 Jahren gibt er von hier die Sporen als strategischer Marketing-Kreativpartner. Daneben ist er Gründer und Gesellschafter der YEEHAW! Gmbh, die als Inkubator Start-ups formiert und antreibt.

37—46

57—68

Wolfram Schäffer

Gründer und Managing Partner der Stuttgarter Agentur design hoch drei GmbH & Co. KG, absolvierte sein Kommunikationsdesign-Studium an der staatlichen Akademie der bildenden Künste Stuttgart. Seit über 25 Jahren ist er als Designer und Berater für internationale Technologieunternehmen tätig und beschreitet mit ihnen die Transformation zu einer designorientierten Unternehmenskommunikation. Er ist Mitglied im Art Directors Club e.V. (ADC).

Anna Tomfeah

47—56

Anna Tomfeah ist Co-Initiatorin und Projektleitung von „Responsible Communication" am Weltethos-Institut. Seit Ende 2017 verantwortet sie dort die Presse- und Öffentlichkeitsarbeit. Ihr Arbeitsschwerpunkt liegt in den Bereichen „Integrierte Unternehmenskommunikation", „Krisen- und Stakeholderkommunikation" und „Public Dialogue". 2019 veröffentlichte sie den Artikel „Weltethos und Kommunikation. Über Dialogfähigkeit und Glaubwürdigkeit im öffentlichen Diskurs" im Sammelband „Weltethos für das 21. Jahrhundert" (Herder Verlag).

89—90

Theresa Stewart

Theresa Stewart leitet das China-Geschäft von Storymaker in Deutschland. Die studierte Sinologin hat mehrere Jahre in China gelebt und dort im Marketing gearbeitet. Sie ist Mitglied im deutsch-chinesischen Netzwerk Baden-Württemberg.

91—100

81—88

Jenni Werner

Jenni Werner ist Politik-/Medien-
wissenschaftlerin und Sinologin
(MA), Diplom-Verwaltungswirtin
(FH) sowie zertifizierte Yogalehrerin
(YA) mit rund 15 Jahren Erfahrung
in der PR-Branche. Ihr Interesse
gilt innovativen Kreativformaten
zur Vermittlung komplexer Themen
(derzeit www.fplusx.de) sowie der
Frage, was fernöstliche Achtsamkeitstechniken jenseits individueller
Stressprävention für erfolgreiche
Führung und Organisationsentwicklung bereithalten.

Lena Zoller

Lena Zoller ist Friedens- und Konflikt-
forscherin (MA) und verantwortet
seit 2018 den Bereich „Interreligiöses
und Gesellschaft" bei der Stiftung
Weltethos. Seit 15 Jahre ist sie in
entwicklungspolitischen Zusammen-
hängen im In- und Ausland aktiv. Zu
ihren Schwerpunkten gehören die
Umsetzung der nachhaltigen Ent-
wicklungsziele (SDGs), gesellschaftlicher Teilhabe und Vielfalt durch
Bildungsveranstaltungen, Beratung
und Vorträge.

FOTOS

The manufacturer's authorised representative in the EU is Springer
Nature Customer Service Centre GmbH, Europaplatz 3, 69115 Heidelberg,
Germany. If you have any concerns regarding our products, please
contact ProductSafety@springernature.com

Printed and bound by CPI Group (UK) Ltd, Croydon, CR0 4YY
24/04/2026
02096340-0010